カルマを活かす

自分のカルマを理解し、良いカルマに変化させる。
心を落ち着かせ本当の自分を見つめる。

ジル・ファラー・ホールズ 著
大田 直子 訳

working with karma

First published in Great Britain in 2007 by
Godsfield Press, a division of Octopus Publishing Group Ltd
2–4 Heron Quays, London, E14 4JP

Executive Editor Sandra Rigby
Editor Emma Pattison
Executive Art Editor Sally Bond
Designer Annika Skoog and Claire Oldman for Cobalt I D
Illustrator Robert Beer
Picture Research Emma O'Neill
Production Manager Louise Hall

Special Photography © Octopus Publishing Group Limited/Paul Bricknell.

Other photography: Alamy/Carles O. Cecil 61; /Paul Lovichi 10. Banana Stock 85. Robert Beer 69, 90, 100, 106, 117. Bridgeman Art Library/Museum of Fine Arts, Boston, Massachusetts, USA 46-47. Corbis UK Limited 14, 52; /Keren Su 8. Garden Picture Library/Matthew Wakem 39. Getty Images/Theodore Anderson 40; /Daryl Benson 44; /Richard Drury 120; /Diana Healey 82; /G & M David de Lossy 57; /Marcus Mok 43; /Peter Nicholson 98; /Jose Luis Pelaez 123; /Stuart O'Sullivan 22; /Upperhall Ltd 58; /Roger Viollet 16. Image Source 11, 21, 97. Octopus Publishing Group Limited 42; /Peter Pugh-Cook 112, 113; /Russell Sadur 26. PhotoDisc 2, 13, 78. Photolibrary Group 110. Photofusion Picture Library/Martin Bond 54.

Printed and bound in China

目次

カルマとは ……6

カルマ—歴史的観点 ……8
神聖なヴェーダ／相互依存／アヒンサー主義／カルマの普遍性

仏教におけるカルマの理解 ……12
意、語、身のカルマ／10の悪行為／10の善行為／因果の法則／
黒くも白くもないカルマ／悟りへの道／カルマの瞑想／山のポーズ

神話の嘘を暴く—カルマはなぜないか ……20
自分自身のカルマをつくる／さまざまな認識／欲望の無限サイクル／
利己的な考えから自分を解き放つ儀式

カルマに関連する西洋の考え—
ドリームワークと霊媒能力 ……26
夢日記をつける／霊媒能力／やり残したこと

瞑想のための祭壇 ……30
神へのささげ物／簡単なカルマの瞑想

カルマはどう働くか ……32

原因と結果 ……34
行動する前の意思／巧みな行為／他人を大事にするイメージ瞑想／
木のポーズ

個人、集団、万物のカルマ ……38
集団のカルマ／真の幸福

自由意志か、宿命か ……40
カルマの習慣／苦しみの原因としてのいら立ち

生まれ変わりとカルマ ……42
カルマの印象／カルマと才能／ブッタの瞑想／忍耐の瞑想／
意思、行動、結果の瞑想

カルマとキャリア ……50

カルマについて職業からわかること ……52
社会の影響／よい動機の重要性

もっと倫理にかなう仕事をするには ……54
実際的な提案／悪い職場慣行を変える

正命の概念を探る ……58
利益か、倫理か／よい職業を選ぶ／倫理的投資／
ギャップイヤーのチャンス

新たにもっと倫理的なキャリアを見つけるには ……62
質問／コブラのポーズ

カルマと繁栄 ……64

なぜ裕福な人もいれば、そうでない人もいるのか ……66
布施の精神／気前よさの物語／
よいカルマをつくるために富を利用することの瞑想

貧困についてのカルマを考える ……70
戦士のポーズ／思考の糧／豊かさを引き寄せる儀式

カルマと人間関係 ……74

人とともに巧みにこの世を生きる ……76
友情の本質／心を開く／子供のポーズ／人への平静さの瞑想

決別することを学ぶ ……80
変化は不満のもと／あらゆるものに終わりがある／決別をイメージする

重要な関係 ……84
愛着と欲望の力／親子

愛情と愛着の違い ……86
質問／支えられた仕立屋のポーズ

健全な関係と不健全な関係の違い ……88
他人に心を開く／投影と理想化／前屈のポーズ／親愛の瞑想／
カップルのためのきずなの儀式

カルマによる苦しみを癒す ……94

カルマによる苦しみを変える ……96
自分の行動の記憶／行動パターン／適切な中和作用／
カルマの潜在力を取り除く

事例研究　ミラレパの生涯 ……100
黒魔術／ミラレパの試練／苦しみの本質の瞑想

逆境を変え、智慧を高める ……104
違う考え方をする／意見は短命／牛の顔のポーズ

カルマと心理学 ……106
内面の智慧を働かせる／夢とアーキタイプ

よいカルマのためのアファメーション ……108
暗唱文例

占星術、タロット、易からカルマをとらえる ……110
易経／動機／内面を鍛えるための気候

カルマから見た人生の目的 ……114

涅槃—仏教の悟りの哲学 ……116
ブッタの生涯／ブッタの悟り／喝愛を冷ます／涅槃への道

ブッタの悟りへの八正道 ……120
八正道／真の幸福を見出す瞑想／屍のポーズ

索引 ……126

カルマとは

カルマはごく深遠な霊的哲学であり、仏教とヒンズー教の中心テーマの1つです。基本的にカルマは免れられない宇宙の摂理ですから、カルマの教えを聞いたことがあるかどうか──あるいは理解しているかどうか──にかかわらず、私たちはみなその働きに支配されています。カルマはしばしば、ある種の神秘的な運命または宿命と称されますが、この定義が完全な間違いではないにせよ、現代社会でカルマの真意が理解されることはめったにありません。本書はこのテーマについての簡潔かつ包括的な手引書であり、カルマを理解することが人生にどれだけプラスになるかをわかりやすく説明します。

右脚を左脚の上に交差させる蓮華座で座っている釈迦牟尼。左手は智慧を象徴する瞑想のしぐさで休め、托鉢の鉢を持っています。一方、右手は下に伸びて地面に触れており、慈悲深い行いを象徴しています。

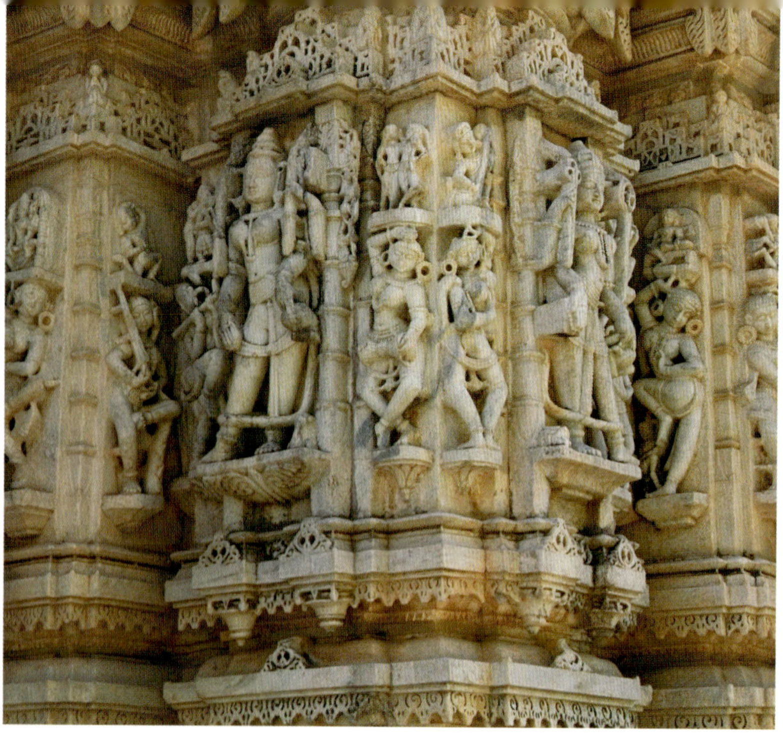

インドの寺院のこの複雑精緻な装飾は、東洋における霊的図像の重要性を示しています。

カルマ——歴史的観点

現代の西洋社会に生きる多くの人々にとって、宗教はその意義の多くを失い、生に対してもっと物質主義的なアプローチが取られています。

生と死という大きな問題について質問されると、生とは一回限りの経験だと思うと答える人が大勢います。人は生まれ、存在し、そして死ぬのです。自分が善人だったか悪人だったかによって、死後に天国か地獄に行くという漠然とした考えはあったとしても、前生や過去生、あるいは自分の行動がそういう別の生にどう影響するかに対する実感はありません。カルマの概念はあいまいで、説明しにくいことが起こったときに引き合いに出されるだけでしょう。

けれども東洋に生きる多くの人々にとって、カルマと生まれ変わりの概念は、はるかにたやすく世界観に受け入れられています。なぜなら、これらの哲学は古代から東洋人の精神に埋め込まれてきたからです。人々は生と死を違う観点からとらえていて、前生や過去生、カルマの働きという概念をすんなり受け入れています。実際、多くの人々にとって問題は「別の生があるかどうか」ではなく、むしろ「来生はどうなるか」なのです。今生での自分の行動で来生が決まるという暗黙の了解があります。この2つの異なる視点から、東洋の世界観がどういうふうに生まれたかを考察するのは興味深いことです。

神聖なヴェーダ

古代史というのは、実際に起きたこと——もちろん確認することは不可能——をありのままに説明しているのではなく、象徴的・抽象的な意味をなす物語や神話と絡み合っています。それでも、世界のさまざまな文化の神話や物語の成り立ちから、学べることはたくさんあります。ヒンズー教が起こる前の古代インドでは、人々はヴェーダと呼ばれる聖典に従って生活していました。ヴェーダという言葉の語源は「知る」を意味するヴィドであり、したがってヴェーダは「知識」、より厳密には霊的「智慧」を意味します。ヴェーダは成立してから何世紀ものあいだ記録されなかったため、この智慧は口頭で伝えられていきました。ヴェーダの中の教えと導きは、神から人類への贈り物として、創造主によって示されたものと信じられています。

この神の啓示を受けたリシと呼ばれる賢者は、その啓示を生きるための霊的指針として、より多くの人々に理解しやすいものにしただけでなく、自らカルマについて学び始めました。そして天与の霊感によって、単純な個々の因果に働く法則を理解するようになります。ネガティブなまずい行動は、たいてい以前のネガティブなことが原因になっていて、それがまたさらなる苦しみを引き起こすことに気づいたのです。同様にポジティブで巧みな行為は、たいてい以前の巧みな行動に根ざしていて、ほとんどが幸福につながっています。このカルマの基本原理は、当時と同じように今日でも有意義なものです。

相互依存

この単純な考えが次第に抽象的な思考へと発展し、抽象的な思考によって、すべてのものや人の相互依存が明らかになりました。こうしてカルマの法則は、より複雑で深遠な働きをすると考えられるようになりました。たとえば、社会全体が1人の人間のポジティブな行動またはネガティブな行動に影響される可能性があるとされたのです。また一方で、人生で起こることには、個人を超えた別の自然の力が潜在していることも判明しました。その結果、さまざまな神が啓示され、それぞれが運命に対して特定の影響力を持っているとされたのです。

神々の加護を受けるには、神を賛美し、なだめる必要があったため、祈祷と供犠の儀式が発達しました。一見したところ、そのような儀式は原始的、あるいは愚直に見えるかもしれませんが、それでも大きな力があったのです——その力は今でも失われていません。昔の人々が祈ったのとほぼ

同じように、今日も変わらず人々は信心深く神に祈ります。供犠も依然として行われています。ただし、儀式は象徴的な行為に変化しており、今では他人を傷つけたり死なせたりする必要ありません。

アヒンサー主義

ヒンズー教と同じころにインドで起こったジャイナ教は、多少異なる考え方を示しました。ジャイナ教の信奉者はカルマの働きについて別のとらえ方をして、その理解から、アヒンサー(非暴力)主義を展開しました。このしきたりは、いかなる生きものに対しても危害を与えたり殺したりすることを禁じており、敬虔なジャイナ教徒はいまだに、自分が通る道にいるかもしれない小さな虫にも危害を与えないよう、歩く前に柔らかいほうきで道を掃くのです。

ヒンズー教も発展していくうちにアヒンサー主義を部分的に受け入れるようになり、今日でもそれが広く支持されています。たとえば、マハトマ・ガンジーがイギリスによるインド植民地化に武力で刃向かうことを拒否し、非暴力の抵抗を擁護したのも、その根はアヒンサーにあります。けれども後にヒンズー教で発展したタントラは、複雑な儀式と供犠のしきたりに根ざしています。タントラは、原始ヴェーダの習わしが持つ力を具現化する、非常に複雑な象徴的儀式もつくり上げています。

タントラはヨーガの幅広い領域の基礎になっています。ヨーガはおそらく、ヴェーダの時代と同じ頃、最古のインド文化から発生したと考えられます。本書では、関連する現代ヨーガのポーズをいくつか取り上げて簡単に説明し、霊的洞察と集中した落ち着きを得るためにヨーガを実践することのメリットを明らかにします。これらの簡単なポーズは、座位の瞑想を補足する一種の体の瞑想と考えることができます。

この女性はアヒンサー主義を守って、虫を傷つけないように歩く前を掃いています。

カルマの普遍性

このような主義や哲学や習わしがすべて、いつ、どうやって発生したのか、正確に指摘するのは困難です。それぞれが古代から咲き続けているインド人の霊性という大きな花の花びらと考えるのが一番でしょう。そのような古代の神秘をさらに深く掘り下げるのは、本書の範囲を超えています。とはいえ、もともとカルマの哲学が、古代宗教と霊的営みのるつぼから導き出されたのは確かです。

この簡潔な導入部からも、カルマの古代のルーツが、時代も文化も超えた生と死という大きな問題と密接に関係していることがわかります。カルマの法則がどう働くかに注目し、その法則が深遠で高尚な哲学へと発展する経緯を観察することで、今日もなお私たちに影響をおよぼしているカルマの普遍的な真実が明らかになります。

瞑想は古来の習慣であり、発祥時と同じくらい現代の人々にも役立ち、プラスになります。

仏教におけるカルマの理解

カルマという言葉は厳密には「カルマの法則」の略で、何よりもまず、カルマが免れられない宇宙の自然の法則であることを意味します。つまり、カルマについて聞いたことがあってもなくても、あるいはカルマを信じていてもいなくても、あなたはカルマに支配されているということです。

カルマは仏典の中の重要なテーマであり、他の数多くの仏教の教えすべてと依存し合って働きます。ですから、たとえば慈しみの教えは、カルマの働きへの理解に基づいています。カルマはサンスクリット語の言葉ですが、パーリ語でカンマとも言います。サンスクリット語もパーリ語も古代インドの言語で、仏教の原語ですから、どちらも意味は同じです。本書では整合性を保つためにサンスクリット語のカルマを使います。

カルマという言葉は基本的に行為を意味しますが、これはごく一般的な意味です。もっと具体的にいうと、カルマとは意志や意味のある行為、つまり裏に意図のある行為です。といっても、たとえ考えず本能的に何かをやるとしても、そこにはつねに、ある程度の無意識の意図があります。したがって、個々の行為に影響するさまざまな条件によって強弱の差はありえるにしろ、すべての行為がカルマをつくります。行為が完全に純粋で、もはやカルマをつくらないのは、ブッダ（悟りに達した、あるいは悟りを開いた者）だけなのです。

कर्म

カルマを表すサンスクリット文字。サンスクリット語は仏教の原語であるインドの言語です。

仏像は寺院だけでなく自然にも見られ、カルマなどの仏教の教えを思い出させる働きをしています。

意、語、身のカルマ

カルマは3つに分けらます。心と思考によってつくられる意のカルマ、話すことでつくられる語のカルマ、そして体の動きによってつくられる身のカルマです。意のカルマは独立して存在するだけでなく、他の2つのカルマの源でもあります。つまり、私たちは話をしたり体で何かをしたりする前に――たとえ短い間でも――考えます。そしてその考えが、何をどういうふうに話したり、行ったりするかに影響するのです。

さらにカルマを2種類に分ける分類があります。ポジティブで、巧みで、有益で、善い行為と、ネガティブで、下手で、有害で、悪い行為です。仏教でいう巧みな行為とは、注意深く考え抜かれ、起こり得る結果すべてが考慮されているからこそ、ポジティブで適切な行為のことを指します。

10の悪行為

悪いカルマをつくる主な悪行為が10あります。

- 殺す、盗む、性的不品行を働く(たとえば不倫)——3つの身の悪行為。
- 嘘をつく、他人を傷つけたり争わせたりする言葉を使う、ののしりなど粗暴な言葉を使う、無益な噂話をする——4つの語の悪行為。
- むやみに欲しがる、人に悪意を持つ、間違った見方をする(たとえばカルマなどの仏教の教えを信じない)——3つの意の悪行為。

10の善行為

対照的な10の善行為には、まず前述の悪行為を中止し、そして反対の善をはぐくむ必要があります。

- 命を守る、他人に施す、責任ある性的行動をとる——3つの身の善行為。
- 本当のことを言う、他人を和解させて仲よくさせる、気持ちよく話す、有益で意味のある会話をする——4つの語の善行為。
- 持っているものに満足する、他人に親切にする、ブッダの教えは自分や他人にとって有益だという信念を育てる——3つの意の善行為。

悪いカルマのもととなる行為をあおるのは、無知と錯覚、願望と貪欲と愛着、そして反感と憎悪と怒りです。仏教ではこれらを「三毒」といいます。三毒が象徴する悪性によって、人はサンサーラ、つまり誕生と再生の輪廻にとらわれていて、そこから逃れるには悟りを開くしかありません。よいカルマは、無知でなく、貪欲でなく、怒りでない行為によってつくられます。よいカルマは智慧と愛と自制によってつくられるというほうが、簡単で手っ取り早いと思うかもしれません。けれども仏教の伝統では、善を三毒の対極として表現します。そうすることによって、三毒がどういうもので、それを避けるにはどうすればいいか、確認することになるからです。

1つの行為が完全なものとされるには、3つの段階が起こる必要があります。その行為をしようという意志を持ち、首尾よく遂行し、やり遂げたことに満足することです。1つまたは2つの段階だけが達成される場合、つくられるカルマが少ないのに対し、完全な行為からは、より大きなカルマの働きが生じます。たとえば、間違って虫を踏みつぶし、殺してしまったことを純粋に後悔している場合は、行為そのものが起こっただけで、意志や満足は関係していません。ですから、意志があってわざと虫に襲いかかり、首尾よく殺したことに喜びと満足を感じる場合より、カルマの影響はかなり小さくなります。

因果の法則

カルマは「因果の法則」とも呼ばれます。基本的には、どんなに些細なものでも、つまらなく思えるものでも、すべての行為はいつか起こる結果の原因になる、という意味です。人の行為とその結果はたいてい込み入っていて、複雑に織り交ぜられた一生涯の——そして多生にわたる——無数の小さな要因に左右されます。ですから多くの場合、カルマがどう働くかはっきりわかりません。高名なチベットの仏教の導師は、カルマを完全に理解することはあらゆる仏教の教えの中で最も難しいと言っています。因果の法則については、次章でもっと詳しく見ていきます(34ページ参照)。

さらに、どんな行為からどんな結果が出るかによるカルマの分類もあります。1つめの「黒いカルマ(黒業)」は、身・語・意の有害な行為をすべて包含します。「白いカルマ(白業)」には、有害でない善行為がすべて含まれます。「黒と白のカルマ(黒白業)」には、一部が有害で一部がそうでない行為が入ります。このタイプの行為の例としては、誰かの気持ちを傷つけないために嘘をつくことが挙げられます。意図は善ですが、行為そのものは不善なので、カルマの結果は苦楽が混じったものになるでしょう。

この人目を引く変わった像は、仏教の図像の多様性と深みをよく表しています。

黒くも白くもないカルマ

最後のカテゴリーには突っ込んだ説明が必要です。「黒くも白くもないカルマ（非白非黒業）」というこのカテゴリーが生じるのは、目覚めること、悟りを開くこと、つまり仏教の究極の目標に向かって努力することによって、他の種類のカルマをすべて超越することを、心の底で意図するときです。これは仏教の教えを実践する主目的につながります――その目的とは、苦しみを避けて幸福を見つけることです。そう言われるとすぐ、結果的に幸福をもたらすカルマをつくるのが一番いいことに違いないと思うかもしれません。何しろ仏教の教えを実践する主目的は、幸福を見つけることだというのですから。けれども、仏教の教えでは結局すべてが無常だというのですから、たとえ幸福になる原因をつくっても、結果としての幸福が永遠に続くことはありえません。遅かれ早かれ、幸福を生んだカルマは尽きるものであり、そうなれば苦しみを経験することになるのです。ですから一番高い目標は、悟りに通じる道を進み、カルマをすべて超越することに違いありません。

カルマについてのこの説明で、はっきりわかることが1つあります。一生のうちに何が起ころうと、それは自分自身の責任だということです。幸福と健康と成功を手にしている人は、前生で善い行いをして、楽しい生活の原因をつくったのです。同様に、病気や貧困などに苦しむ人は、前生で悪い行いをして、苦しい生活の原因をつくっているのです。たいていの人は、前生でつくったさまざまなカルマを受けて、一生の間に楽も苦も経験します。

悟りへの道

これまでのところで、カルマは宿命論的なものでないことがはっきりしたでしょう。できるかぎり分別と優しさと他人への思いやりをもって行動しようと意識すれば、幸せになれるよい生まれ変わりのためのカルマをつくり、いっそうよいカルマをつくる機会を創出することになります。そのような徳のある行為は、カルマをすべて超越する道をたどる人々を、最終的に悟りへと導くのです。

この節では、カルマについての仏教の理解を簡単に紹介しました。このあとの各章で、カルマがどう働き、人生にどう影響するかについて、さらに深く探っていきます。たとえば、仕事とキャリアの選択がカルマにどう影響するかを学ぶ章もあれば、富とカルマの関係を探究する章もあります。試してほしいさまざまな瞑想や儀式のほか、カルマへの取り組みに関するアドバイスやエクササイズが数多く示されています。カルマの深遠な本質、そしてカルマが人生でどう働くかを理解するようになると、もっと幸福な在り方につながる道が見つかるでしょう。

カルマの瞑想

この瞑想は、思考と感情が生まれては消えていくのに立ち会うチャンスです。思考や感情の生滅は習慣的な直感で決まるものですから、それを観察することで、カルマが心の中でどう働くかを垣間見ることができます。

1 背すじを伸ばして楽に座ります。目を閉じ、呼吸に注意を向けます。1回の呼気が次の吸気をどう引き起こし、決定しているかを観察します。たとえば、とくに息を深く吸うと、次の呼気は同じように深くなるでしょう。普通の呼吸をしているときでも、各吸気が呼気を引き起こします。

2 今の心の状態を観察します。どんな思考や感情がそこで揺らめいていますか。ただそれが生まれては消えていくのに意識を向けるだけにして、評価してはいけません。1つの思考が以前の思考によって生じたのかどうかを確かめ、それが将来の思考の原因としてどう働くかに注目します。たとえば、「今日は晴れて気持ちがいい日だ」という考えは、以前の晴れた日の記憶を思い返すことにつながるか、あるいは将来の休日についての空想につながるかもしれません。そうやって思考が相互にどう左右し合っているかを静観します。

3 次に、いつものよくない性向を思い浮かべます。たとえば、あなたは怒りっぽいかもしれません。なぜそうなるのかを探りましょう。ひょっとすると以前の出来事のせいで心が怒りの感情になじんでいるので、今も心が怒りやすいのかもしれません。怒りは尽きることがありません。それが今のあなた――と他の人々――の苦しみのもととなり、再び怒りを感じるカルマをつくります。このカルマのサイクルを断ち切る決意をしてください。今度怒りがわいてくるのを感じたら、深呼吸をして放っておくと心に誓います。2、3回怒りに身を任せずにいると、あまり怒りっぽくない性向になっていることに気づくでしょう。

4 心の過去の経験を追いかけてみます。今日これまでのことから始めて、数日、数週、数年を遡りましょう。思い出にふけってはいけません。目的は、思考と感情にどんな因果があるかを理解することです。たとえば、たとえ今は悲しい気持ちになるようなことがなくても、悲しくつらい記憶を思い出すことで、今、心痛を感じるかもしれません。

5 自問してください。「こういう古い思考が今の私の一部だろうか。自分がどういう人間になるかを左右しただろうか」

6 今生の自分の性格や経験が、前生からのカルマによって決定されていることを考えます。死によって人間としての存在――あなたが感じる「私」という意識――がなくなっても、それがつくったカルマは続き、来生の性格をつくります。

7 呼吸に注意を戻します。無限のサイクルで吸気が呼気を引き起こしていることに注意を向けましょう。少しの間、自分の瞑想を反省してから、日常生活に移ります。

山のポーズ

タダーサナ(山のポーズ)は、意識を瞑想に向けるのに役立ちます。胸の前での合掌は、神への崇敬を表すしぐさです。このポーズは心身を落ち着かせて集中させます。

1 足をそろえて立ち、足の裏が地球に根を下ろすのを感じます。体の前面を心もち上げて、背中のほうに体を傾けます。数秒間、指を伸ばし、まっすぐ前を向いて規則正しく呼吸します。

2 次に、息を吸って両手のひらを合わせます。息を吐きながら、すべての緊張を解き放ちます。穏やかなバランスのとれた気持ちになったら、目を閉じ、ポーズを保ったまま数回呼吸します。

神話の嘘を暴く——カルマはなぜないか

カルマは東洋の霊的哲学なので、欧米人はカルマが厳密に何であるか、あるいは私たちの人生にどういう意味を持つのか、混乱している場合があります。

「宇宙的カルマ」というような最近の言葉は無意味ですし、「あなたのカルマが私のドグマを轢いた」というジョークも（初めて聞くときは面白くても）本当の意味はありません。それでもこういうフレーズは、カルマという言葉がたとえ誤用が多いにせよ、私たちの言語に入り込んでいることをはっきり示しています。ですから、このようなカルマについての誤解がなぜ生じたのかを探るのは興味深く、意義のあることです。

おそらく最も基本的な誤解は、「宇宙的カルマ」と言われるように、カルマがある種の神秘的な宿命または運命を指すという認識でしょう。この宿命、運命、あるいは定めという考えの拠りどころは、人類を支配する神または神々がいるという信念、あるいは人間は何が起こるかわからない成り行き任せで無意味な世界に生きているという信念です。たとえば、古代ギリシャやローマの神話には、神々の気まぐれがしばしば特定の人間の人生に破壊的影響を与えた話が頻繁に出てきます。

自分自身のカルマをつくる

このような宿命としてのカルマという考えは、有神論でないアジアの宗教のカルマ解釈とまったく異なります。仏教の考え方では、個人はそれぞれ自分の行動に責任があるとされており、一般的にこの考えは「自業自得」と要約できます。ここで鍵を握るのは、自分自身の行為に対する個人の責任という概念です。「神の介入」によって個人の運命に影響をおよぼすことができる、全知全能の神を据えるユダヤ教やキリスト教とは異なり、仏教では人は自分のカルマを自分でつくります。悪い行いを許したり、そのとがで罰したりする神はいません。行為そのものが人の経験を決定するのです。

カルマという言葉が「運」という意味で使われるのも、誤った一般通念です。たとえば、ある人に不運な出来事が続けて起こると、「こんなにひどいことが彼女に起こるとは、なんて運が悪いのか。彼女のカルマに違いない」などと言う人がいます。確かにそれは彼女のカルマかもしれませんが、彼

仏教の教えでは、私たち一人ひとりが自分の行為と、それでつくられるカルマに責任があるのです。

女に起こった一連の不幸な出来事は、運とは関係ありません。そのことに関していえば、あなたが知っている人はみな、人生で何かしら不運な目に遭っていますが、何かしらよいことも経験しているでしょう。それが人生の本質です。山と谷、よい時と悪い時、健康と病気、誕生と死――私たちみんなが、一生の間にこういう出来事を経験するのです。ただ、よい時より悪い時のほうが多い人もいれば、その逆の人もいるように思えるかもしれません。

さまざまな認識

人生の外部環境をこういうふうに見たとき、わかったことを直感で判断するのは簡単です。けれども誰もが同じ見方で物事を見るわけではなく、あなたが不幸だと認識するものを、他の人は正反対のものとして認識する場合もあります。たとえば、友達が高給の仕事を失ったと聞いて、それは彼にとって損失であり、苦難と不幸のもとになると、あなたは考えるかもしれません。けれどもこの知らせを聞いた別の友人は、仕事から解放され、自由な時間が増えてストレスが減り、もっと健康になるのだから、彼は何てラッキーなのかと考えるかもしれません。周囲の出来事に対する認識や関

買い物はあなたを欲望と不満の無限サイクルに陥れる習慣になる場合があります。

わり方が、あなたのカルマに影響します。

仏教の考え方では、人の本性は根本的にはみな同じで、幸せになりたい、苦しみたくないという自然な願望を持っています。幸福につながる行為はポジティブな善いものとされ、苦しみにつながる行為はネガティブな善くないものと見なされます。私たちは人生の大半を費やして、自分を幸せにすると思う目標や経験の達成に努め、苦難を引き起こすものを避けようとします。ですから、すてきな家ややりがいのある仕事、誠実な夫や妻、子供、休暇、財産などを手に入れようと努力します。けれども現在の望みをかなえたとたん、幸せであり続けるために、違う新しいものがもっとたくさん欲しくなります。このような幸福の追い求め方には、正しくない部分があるように思えます。

欲望の無限サイクル

幸せになりたいという願いが私たちの最大の関心事なので、幸福と苦痛の真の原因を検討する必要があります。人は欲しいものを持っていないと延々と渇望し、それが苦痛の原因になります。同じように、望んでいないものを持ったり経験したりすると、その状況がどんなに嫌かというネガティブな考えにとらわれ、その嫌悪が苦痛の原因になります。欲しいものが手に入ると、しばらくは満足しますが、やがて新しく手に入れたものに飽きてしまいます。あるいは、心地よい経験の効果が薄れて、また繰り返したくなります。そして再び欲望が起こり、それが達成されないかぎり不満を感じます。したがって、欲望を満たすことで永続する真の幸福は得られないと推論できます。欲望と不満の無限サイクルに陥って抜け出せないだけなのです。

永続する真の幸福は、好きなものへの欲望と好きでないものへの嫌悪をなくすことから生まれます。これは、すてきなものを持ちたいと思うのは間違っている、あるいは悪いことだという意味ではありません。そういうものがやって来たら背を向けろというのでもありません。それが続くかぎりは楽しむべきです。けれども欲望そのものは、真の幸福を見つけるのを妨げ、人を不満な状態のままにしておく、障害なのだということを理解する必要があります。そうすれば、快適な経験や新しい財産を楽しみながらも、失いたくないという思いに取りつかれたり、持っていることがうれしくなくなって失望したりすることはありません。不快なことが起こったとき、欲しいものが手に入らなかったとき、そのことを受け入れるよう努め、すべてのものは無常で、苦しみもそのうち変化すると考えましょう。

利己的な考えから自分を解き放つ儀式

この儀式を行うことで、利己的な考えを減らし、いずれはなくすことができるでしょう。気前よさを育て、与えることの本質は実際の与える行為と気前のよい心であることを自覚するのに役立ちます。

感謝や見返りを期待せずに、誰かに何かを与えると、それを受け取る人は気前のよい心も受け取ります。裕福でなくても与えることはできます。たとえ物質的に貧しくとも、与えられるものはあります。現代社会では時間は貴重であり、誰かに時間という贈り物をするのは、とても気前のよい行為といえます。他人に時間を与えるには、人の話を聞くことが必要です。ぞんざいに与えられる物質的な贈り物が利己的な考えに根ざしているのと同じように、上の空で人の話を聞くのも利己的です。

受け取ることは与えることと切り離せませんから、他人からの贈り物を上手に受け取るよう努力しましょう。自分の望まないものや好きでないものをもらう場合でも、丁重に受け取るようにして、相手に心から感謝しましょう。贈り物を丁重に受け取り、相手の親切に感謝することで、相手に気前よさを実践する機会を与えているのです。

1 静かな場所を見つけて、20分の自由時間を確保します。楽に座り、自分がどれだけ利己的な思考や行為を減らしたいか、数分間よく考えます。自問してください。「自分に対してけちだったら、どうして他人に対して本当に気前よくなれるだろうか」。利己的な考えを減らすための第一歩として、自分自身に与えられるようになる必要があります。

2 石のような身の回りの小さなものを手に取ります。右手に持って、石を持つというのがどういう感じなのかに注意を向けます。それを持っていることに心からの感謝を感じようとしてください。小さくて高価でなくても、純粋に愛情をもって与えられた贈り物のほうが、苦々しい思いとともに与えられた、あるいは見返りに何かをもらうことを期待して与えられた高価な贈り物より、与えた人も受け取った人も幸せになると考えます。

3 石をゆっくり右手から左手に移します。右手が左手にその石を与えていると思いましょう。与えることの感覚を自覚し、意識します。同時に、左手は石を受け取っています。何かを受け取っているという感謝の気持ちをはぐくみます。石には物質的価値はありませんが、本当の純粋な気前よい心で何かを与え、受け取る感覚を経験しようとしてください。

4 10分間、ゆっくり両手の間で石のやり取りを続けます。自分の感情を観察し、どう変わるかを意識しましょう。

5 この儀式を行うことで、もっと純粋に与えたり受け取ったりすることができるようになり、やがて利己的な考えを減らせるようになると考えましょう。

カルマに関連する西洋の考え——ドリームワークと霊媒能力

カルマは東洋の霊的哲学ですが、普遍の法則と呼ばれるものなので、西洋にもカルマの真理に関連する伝統や哲学、慣習があります。

ある意味で、カルマの真理は理解しやすいものです。因果の単純な例は身の回りに見ることができます。もっと複雑なレベルでいうと、人はみな、自分の行為の直接的なカルマの結果を、記憶という形で経験します。たとえば嘘をついた場合、いったんその行為が終わっても嘘を話したという記憶が残り、その記憶がカルマの結果になります。嘘をつくのはよくないと知っているので、嘘をついたという記憶はある意味で不快です。したがって、他人に大きな苦痛を与える嘘をついた場合、その嘘の記憶とその結果が、あなたをも苦しめることになる可能性があります。一方、親切なこと、気前のよいこと、あるいは思いやりのあることをするたびに、その優しい好意の記憶があなたを幸せにするでしょう。

ドリームワーク——夢を定期的に意識して思い出し、分析すること——はカルマを考える面白い方法です。眠りに入る前と目覚める前の時間は、意識のレベルが変わる境にあります。私たちはみな、完全に眠りに落ちていない時や完全に目覚めていない時の感覚を知っています。もしその時間に経験していることの意識を維持できれば、心の働きについて何かを知ることができます。けれども、人が眠りに就いて夢を見ているとき、心と意識には実に驚くべきことが実際に起こっているのです！　眠ると意識がなくなるので、眠りは「短い死」とさえ呼ばれることがあります。ただし定期的に起こることなので、この異常な状態は当たり前と思われがちです。

夢日記をつける

夢とは無意識が問題を覚醒意識に持ち込もうとしているものだ、とよく言われます。夢は覚醒意識とは違うレベルに存在するので、目覚めるとすぐに忘れてしまう傾向があります。ですからすぐに夢日記に書き出すのは、夢を覚えておくためのよい方法です。夢を書き留めたあと、10分ほどかけてその内容についてじっくり考えると、無意識が伝えようとしていることを見

夢は過去の行為が残したカルマの印象と考えられます。おそらく、まだ何らかの意識的な思考と解決が必要なのです。

抜けるかもしれません。夢の超現実的な言葉は、明瞭でわかりやすいとは限りませんが、練習しているとそのうち夢を解釈できるようになる場合があります。記憶が、行為をつくるカルマの結果として働くのと同じように、夢もある種のカルマの印象、とくに無意識が何らかの解決策が必要だと教えているものと考えることができます。

夢は非常に個人的なものですから、夢事典に出ている古典的な解釈のほかに、自分なりの分析法を用いる必要があります。自分の夢の言葉がある程度わかってきたら、イメージと出来事のでたらめな混沌状態から、次第に現れてくる物語をうまく見つけられるかもしれません。繰り返し出てくるシンボルやパターンに気をつけていると、無意識の心理が伝えようとしていることがわかる場合があります。たとえば、一連の夢の中に繰り返し現れる恐怖という根本テーマが見つかるかもしれません。この恐怖を過去のまずい行為が残した悪いカルマの印象と考えれば、その力がおよばなくなるように変えようと努力することができます。これは苦しいカルマの印象に対処する前向きな方法といえます。

夢を定期的に夢日記に書き留めることで、夢に繰り返し現れるシンボルやパターンに気づくことができます。

霊媒能力

意味はかなり違いますが、霊媒能力もカルマと関係があります。霊媒とは、霊界から生者にメッセージを伝えられる非凡な才能に恵まれた、霊の使者です。霊媒が相手にするのは最近肉親を失った人が多く、そういう人たちは大きな苦悩を経験しているので、真の霊媒は霊的な癒しも施します。霊媒は自分のもとにやって来た人たちに、霊界からのメッセージを伝えるとともに、大きな安らぎと癒しを与えます。

死後の世界をいっさい信じない人々は霊媒能力の信憑性に反論しますが、少数の才能に恵まれた人たちには、確かに霊界からのメッセージを伝える力があると思われることが、科学的なテストや実験によって合理的疑いの余地なく実証されています。多くの場合、真の霊媒は自分のサービスに対してお金を請求せず、自分の仕事の霊的治療の側面を強調します。そのように他人の役に立つことだけを求め、個人的な財産や名声に興味を抱きません。

やり残したこと

近親者と死別したとき、故人と非常に親密だった人――多くは父親、母親、娘、息子、妻、または夫ですが、その限りではありません――が、故人との間にやり残したことがあるように感じる場合があります。この「やり残したことがある」感覚は、おそらく今生で定めを果たすチャンスがなかったカルマの関係と考えることができます。たいていの場合、その人は事故で突然の思いがけない死を遂げています。そして2人の間に未解決の問題が残っている場合があるのです。理由は何であれ、死んでしまった人とコミュニケーションをとる必要を感じるのであれば、霊媒が助けになります。

カルマの考えは生まれ変わりと複雑に絡み合っていますから、霊界からのコミュニケーションは当然と考えられます。カルマも霊媒能力も、何らかの形の死後の世界に基づいているのです。あの世からのメッセージを伝えることが遺族に安らぎをもたらし、愛する人の死を受け入れる助けになります。この癒しのプロセスは、遺族が故人への愛着と決別するのを助けることによって、カルマの因果関係の解消を手伝うことでもあります。そうすることで、遺族も故人も次に進むことができるのです。

瞑想のための祭壇

自分用の祭壇は、カルマを瞑想するときの焦点になります。祭壇をつくるのは敬虔な行為であり、黙想する心構えと瞑想のための静かな環境を整えるのに役立ちます。祭壇とその上に置くささげ物は、現実世界と霊的世界をつなぐパイプの役割を果たす、神聖な空間になります。

祭壇をつくるのに最適な場所は、邪魔されることなく落ち着いてカルマを瞑想できる、静かな自室です。背の低いテーブル、棚、あるいはマントルピースが祭壇にぴったりです。祭壇の前で、椅子または床に敷いたクッションに心地よく座ることができるようにしましょう。上に何かを置く前に祭壇をきれいにします。表面を美しい布で覆うのもよいでしょう。

神へのささげ物

祭壇の上に置くものはすべて、神へのささげ物、そしてカルマを理解するあなた自身の霊的潜在能力へのささげ物になります。ですから、ささげ物は純粋で美しいもの、あなたにとって霊的な意味のあるものにするべきです。カルマは仏教の教えの一部ですから、中央に置くのにふさわしいのは仏像か、仏教の導師の肖像です。キリスト教徒や別の信仰を持っている人は、たとえば聖人の肖像など、自分の霊の道と通じるのに役立つ像を使ってもかまいません。伝統的な祭壇のささげ物としては、ロウソク、香、水の入った碗、生け花などがあります。こういうものを瞑想するたびに供えましょう。選んだささげ物を中央の像の周りに、瞑想を刺激するような美しい配置で並べます。

祭壇の上にはカルマのシンボルも置かなくてはなりません。たとえば1組のサイコロなら、それを振ると決めたら自由意志で行動することになりますが、その結果は運や巡り合わせや宿命に左右されることを暗示します。あるいは、石が水に投げ入れられてさざ波が外へと広がり、果てしなく増える輪になっている写真なら、人の行為はすべて広く響き、さまざまな影響や効果をおよぼす（32ページ参照）ことを想起させます。

簡単なカルマの瞑想

1 背すじを伸ばして楽に座ります。目を閉じて、2回深呼吸をします。

2 よくいらいらするというような、習慣的なよくない性向を思い浮かべます。自分の心がいら立ちになじんでいるから、すぐにいらいらしがちなのかもしれないと考えましょう。

3 以前のいら立ちが現在のいらいらの原因になっていて、現在のいらいらがこれから起こるいら立ちの原因になるのだと反省します。

4 このいら立ちのカルマのサイクルを断ち切ると決意します。いら立ちは有益な目的には役立たず、苦痛のもとになるだけだと反省しましょう。今度いらいらしたら、自分を落ち着けるための深呼吸を2、3回することで、いら立つ気持ちを消すように努力すると誓います。

カルマはどう働くか

仏教では古くからカルマの働きを、石を池に投げ込むというたとえで説明しています。石が投げ込まれると、その影響でさざ波が立って外に向かって広がり、遠い池の縁まで到達します。そしてこれが源である石に戻ってくるさざ波を引き起こし、石はさざ波からの圧力にさらされます。同様に、私たちの行為は外に響き、最終的に条件がそろうと結果が戻ってきて、私たちはその影響を感じます。

不滅の実在の英雄を意味するヴァジュラサットヴァは、浄化のブッダです。ヴァジュラサットヴァのイメージ瞑想を実践し、そのマントラを唱えることで、身・語・意を浄化することができ、とくに怒りと憎しみを変容させるのに効果的です。このように、ヴァジュラサットヴァは、悪いカルマを消散させて、よいカルマを増やすのにとくに重要です。

他人を自分と同じくらい大事にして無私無欲で助けるのは、よいカルマをつくる巧みな行為です。

原因と結果

カルマはしばしば因果の法則、あるいは因果律と呼ばれます。因果の働きは複雑で、「よい行いはよい結果を招く」「悪い行いは悪い結果を招く」という単純なものではありません。

よい行いはよい結果を招くというのは厳密には間違いではありませんが、カルマはたくさんの生涯で複雑に働くことを理解するのが大切です。たとえば、よい人生を送っている、他人に親切で気前よい人が、人生の後半で苦難を経験するとします。カルマの法則によれば、この人はどこかの時点で、この苦難を引き起こすような行為をしたに違いないことは明らかです。したがって、この人が悪い行いをしたのは前生であり、今生で今その結果を経験しているのだと推定できます。

行動する前の意志

人は体と発言と心でカルマをつくります。この3つのうち、心(または思考)が最も多くのカルマをつくるので一番重要です。人は行動する前にそうしようと心に決めます。そして体による行動につながらない考えもたくさん持っています。因果の法則によると、巧みでポジティブでよい思考は心と精神にとって有益であり、ネガティブでまずい悪い考えは有害です。このようにポジティブな考えを育てると、幸福で穏やかで平和な心の状態を経験するための原因が生まれます。

将来の苦難を引き起こすような発言や行動を避けられるように、話したり行動したりする前に、言葉や行動がどんな効果を持つか考えるのは有益です。善意のように見える行動が、秘めた動機で損なわれたり、怒りや憎しみのようなネガティブな心の状態によって台無しになったりする場合があります。ですから、何かをする前に意志を確かめ、意志と行動の両方の影響がプラスであることを確認することが大切です。

巧みな行為

よくある間違いは、因果の法則を霊的な預金残高のように考えることです。善行為は預金、悪行為は借金というわけです。この手の考えは、今の善行為が将来への投資になると仮定しています。けれどもこの考えの基礎は利己なので、つくられるカルマには雑多な結果がともなうでしょう。もっと前向きなやり方は、まずい行為を避けて巧みな行為を増やすことです。おわかりのように、そうすることが自分自身の幸せだけでなく他人の幸福のもとにもなるからです。他人を自分と同じように大事に思い、無私無欲で行動すると、その巧みな行為がよいカルマをつくります。

善行為への意志だけでは足りません。善い意志をポジティブな行為に発展させる必要があります。言い換えると、幸福になりたいのなら、まず、そのもとをつくらなくてはなりません。行動する前にその行動がどんな影響をおよぼすか考え、自分や他人にとっての苦しみを引き起こしかねない行動をしないようにすることも大切です。

他人を大事にするイメージ瞑想

自己を他人と交換するこのイメージ瞑想は、自己愛の強力な解毒剤であり、他人への愛情と思いやりをはぐくむ刺激剤です。(自己愛を減らすことで)悪いカルマを減らし、(他人を大事にする気持ちを高めることで)よいカルマを強めるのに役立つ、効果的なエクササイズの1つです。このエクササイズは瞑想として心の中で行うものですが、定期的に実践することで、あなたの行動も変わってきます。

1 背すじを伸ばして楽に座ります。目を閉じて、呼吸に注意を向けましょう。心を静めるために、2、3分間、呼吸を観察します。

2 自分と他人がどれだけ対等か考えます。生きとし生けるものは幸福を望み、苦難を避けたがります。あなたは他人とちっとも変わりません。このようにあなたと他人は対等なのですから、他人より自分を大事にすることの愚かさをよく考えてください。他人のニーズもあなたのニーズと同じくらい重要であることを理解しましょう。

3 自分を大事にすることの愚かさについて熟慮します。自分勝手に自分だけに気を配って他人を無視すれば、悪いカルマをつくって自分の苦しみを増やすことになると考えてください。生きとし生けるものは持ちつ持たれつであることをよく考えましょう。自分を大事にしても決して幸福にはつながりません。なぜなら、周囲の人が依然として苦しんでいる間は、真の幸福などありえないからです。

4 他人を大事にする智慧について熟慮します。自分のことを気にする前に他人に気を配れば、よいカルマをつくって自分の幸福を増やすことになると考えてください。他人を助けた時に感じる幸せについて、じっくり考えましょう。

5 これまでに自分を大事にすることで他人のニーズを無視したことを反省し、これからは自分を大事にする代わりに他人を大事にしたいと考えましょう。「以前は他人を無視したが、これからは自分よりも他人のニーズのほうが大切だと考えよう」と自分に言いきかせます。このフレーズを2、3回小声で繰り返します。

6 わずかばかりの自分の苦しみに比べて、他人の苦しみはとても大きいと考えます。他人の苦しみを取り去りたいと心に決め、「生きとし生けるものからあらゆる苦しみを取り除く努力をしよう」と自分に言いきかせます。生きとし生けるものへの思いやりを持ち、その苦しみがどれだけ耐えがたいものかを感じてください。彼らの苦難がすべて数筋の黒い煙となり、自分の心の中の自分を大事にする気持ちに溶け込むところを思い浮かべます。自分を大切にする気持ちが小さくなり、他人の苦しみを減らそうとしたことを感じてください。

7 他人が幸せになるのをどれだけ助けたいか、じっくり考えます。「私の幸福と徳を他人にあげられますように。生きとし生けるものが幸せでありますように」と心の中で言います。生きとし生けるものに愛を抱き、その幸福を願いましょう。自分のレプリカが心から出てきて、他人が求めるとおりに助けの手を差し伸べているところを思い浮かべます。自分を大事にする気持ちが小さくなり、他人の幸福を高めようとしたことを感じてください。最後に、この瞑想の功徳を生きとし生けるものにささげます。

木のポーズ

ヴリクシャーサナ(木のポーズ)は、体と心の平衡を育てるのに役立つバランスのポーズです。

1 足を少し開いて立ち、呼吸に集中します。右膝を胸までもち上げてから、向きを変えて少し下げ、右足の裏を左のふくらはぎ、または腿の内側につけます。両手で合掌します。

2 目の前にあるものに集中して、バランスをとります。集中できてバランスがとれたと感じたら、両手を頭上に上げて、呼吸に意識を集中します。数秒間、あるいはつらくなるまで、ポーズを保ちます。

個人、集団、万物のカルマ

これまでは個人のカルマについて考えてきましたが、私たちは互いに隔離されて生きているわけではありません。家族、小さなコミュニティ、そして大きな社会の中で、持ちつ持たれつ協力し合いながら生活しています。つまり、私たちは社会レベルである程度カルマを共有しているので、自分個人のカルマだけでなく、集団のカルマの結果をつくり、経験しているということです。

もっと広いレベルでは、地球上に住むすべての生きものが万物のカルマを共有しています。万物のカルマが意味するところには興味をそそられますが、万物のカルマが働く広大な宇宙という状況は極めて難解です。けれども、集団のカルマがどう機能するかを見るのは、実り多く興味深いことです。

集団のカルマ

個人のカルマと同じように、集団のカルマも意志によってつくられます。社会は人間の集団的行為を規制する手段として、法律と社会慣習を推進します。なぜなら、人間は他人を犠牲にして自分だけが利益を得たいという、利己的な欲望から行動することが多いからです。搾取的行為を抑制する法律がなければ、富を求める個人の野心が悪行為につながるでしょう。しかし権力者が、市民の義務感からではなく物質的な利益への欲望から動く場合もあり、そうなると問題が起きます。

たとえば、有毒なゴミの無計画な廃棄は、環境にとっても公衆衛生にとっても危険です。したがって政府は、そういう有毒物の廃棄方法を規制する法律をつくります。けれども、有毒廃棄物を出す企業の経営責任者は、自分たちの利益を減らす気はなく、廃棄物処理にはほんのわずかな経費しか充てるつもりがありません。法の抜け道を探し、共謀に応じる当局者を見つける場合があります。そのような短絡的な行動は欲に突き動かされたもので、健康問題や環境破壊だけでなく、集団の悪いカルマをつくります。

私たちはみな、環境に配慮して自然を有毒廃棄物から守ることに、共同責任を負っています。

真の幸福

そのような有害な行為の原因は、幸福は豊かな物質的利益と富の獲得の中に見出されるものだという、根本的に間違った信念です。人類は環境と相互依存していないという誤った考えを持ち、環境を軽視するケースが多く見られます。真の幸福は物質主義を超えたところにあるのですから、これは間違った考え方が間違った行動を招いている例で、結果として社会全体が経験する集団のカルマは悪いカルマです。

それに対して、ある集団が善性に導かれている場合、その行動には有益な効果があります。ですから、人々が集団で親切心と思いやりから行動すれば、ポジティブで有益な活動が行われます。たとえば、国際的な人道支援組織は世界中の多くの苦難を軽減し、集団のよいカルマをつくります。

このように、集団行動は全体としてネガティブなものとポジティブなものが混在しているため、結果として集団のカルマは入り混じっていて、社会は問題を経験しながら、解決に向けて働きかけてもいるのです。

自由意志か、宿命か

人は運命の気まぐれに支配されているのか、それとも自由意志によって自分自身の運をつくり出しているのか、時代を超えたこの哲学論争はカルマと密接に関係しています。本書ではこれまでに、私たちはみな自分の行動に責任があるとお話していますから、カルマの観点からいえば、私たちには自由意志があるように思えます。けれども人生とは「二者択一」論争のように単純ではありません。

朝のバスを待っている間に短気を起こすと、それが丸一日あなたの気分に悪影響をおよぼすでしょう。

人はどう行動するかによってカルマという運命をつくるのは確かですが、自分の置かれている状況も関係しています。次の事例について考えてみましょう。

カルマの習慣

バスを待っていていらいらし始めているところを想像してください。普段はその後さらにいらいらが募り、遅刻が心配になってきます。しかしカルマがどう働くかをじっくり考えれば、そういうストレスがたまる反応を変えることができます。そのような反応は、苦痛を引き起こすだけで状況を変えることはできません。この状況は自分にはどうすることもできず、遅刻しても自分の落ち度ではないことを受け入れれば、リラックスすることができます。緊張して怒ったままでいると、いら立ちが表に出て、自分も他人ももっと傷つくだけです。

反応や感情を変えるのは容易ではありません。今生と過去生で蓄積され、強められた心と感情のカルマの習慣なのです。それを一晩で変えることはできません。無理やり変えることはできないのです。考え方を改めることで、自然に変化させる必要があります。前述の状況の原因と結果を考えてみましょう。自分自身がバスの時刻に遅れたなど、原因はあなたの行動でしょうか。もしも原因となるようなことをあなたがしたのなら、それを受け入れて、二度とやらないと決意する必要があります。悪いことが重なっているように思える場合も、それを受け入れなくてはなりません。

苦しみの原因としてのいら立ち

いら立ちや焦燥があなたの苦しみの原因になっているかもしれません。しかし、苦しみたくないと認めることが、それを消し去るための重要な一歩です。自分のネガティブな感情についてよく考え、それが苦しみを引き起こすだけだと認めれば、変えることができるのです。過去にバスに乗り遅れたことを思い出してください。ひょっとすると、遅刻して職場に到着するころにはひどく腹が立っていて、人と口論するはめになり、そのおかげであなたの苦しみは悪化し、他の人も苦しめることになったのではないでしょうか。

ネガティブな感情がいかに無益で有害かに気づけば、そういう感情は小さくなっていきます。長い人生の中で、遅刻するなどという些細な出来事は取るに足りないことだと考えましょう。そういうふうに状況を見ると、怒りを平静に変えることができて、四六時中ネガティブな感情にとらわれることがなくなります。人生の不愉快なことに下手に反応せず、それを受け入れることで、面倒な状況にあっても自分の幸福をつくり出すことに責任を持つことができます。

生まれ変わりとカルマ

ほとんどの行為がつくるカルマの結果は、すぐには経験されません。カルマの果報は、今生のどこかで経験されるもの、次生で経験されるもの、そして将来の他生で経験されるものの3つに分類されます。

仏教の経典によると、人の行為の大半は他生で実を結ぶといいます。ですから、親切で気前のいい人が今生で苦しんでいるのを目撃しても、その善行為によるよいカルマの果報を、いずれ後の生で経験するのだと思って安心できます。このように、カルマと生まれ変わりは深く結びついているのです。

消えかかっているロウソクから新しいロウソクに火をつけると、1つの物から別の物へのエネルギーの移動がわかります。

カルマの印象

生まれ変わりとはいったい何なのでしょうか。仏教の書物はこれを類推で説明しています。消えかかっているロウソクの炎が新しいロウソクに火をともしたあと、次第に弱まって消えていきます。新しいロウソクには火がついていますが、それは同じ炎なのでしょうか。同じ炎でも違う炎でもありません。1つのものから別のものへ、エネルギーが移っただけです。1つの生から次の生に移るのは、ごく微細な意識だけで、人格と性格を持つ個々の人間は、死とともに消滅します。この微細な意識が、終わったばかりの生でつくられたカルマをすべて、過去生でつくられてまだ実を結んでいないカルマとともに運びます。そういうカルマの印象が次生の質を決定し、持ち越されたカルマの一部は、その次生で適切な条件がそろったとき、実を結ぶでしょう。

伝統的な仏教の教えによると、特定の行為が特定のカルマの結果をつくるといいます。今生でたやすく富と成功を手に入れている人は、前生で気前よくすることで、その原因をつくったのです。今生で若死にする人は、前生で他人を殺すか、あるいは守らなかったことで、その原因をつくったのです。美しさは過去生における純粋で倫理的な行為の結果であり、自己表現の苦手な人や、今生で人に信じてもらえない人、まじめに話を聞いてもらえない人は、前生で嘘をついたことが原因になっているのです。これらの例から、カルマは責任ある倫理的な行為と関連していることがわかります――つまり、自業自得というわけです。

カルマと才能

初期のキリスト教には、ある種の生まれ変わりを信じていた宗派がありましたが、西洋文化において生まれ変わりはわかりにくい概念です。けれども非凡な才能のことをよく考えると、生から生へと伝わるカルマを理解できるでしょう。たとえば、並外れた音楽の才能に恵まれた人たちは自分の能力について、まるで初めから演奏方法を知っていたかのようだったと表現します。モーツァルトやボブ・ディランなどさまざまな人たちが、幼少の頃からあっという間に音楽を覚え、ハーモニーとリズムの感覚を内面に備えていました。これは前生における音楽教育が音楽的能力のカルマをつくり、それが次生に伝えられたと考えることができます。

音楽の才能は、前生における音楽教育が次生における音楽的能力のカルマをつくったものと考えられます。

ブッダの瞑想

サンスクリット語のブッダは「正覚者」という意味で、歴史上の釈迦牟尼だけでなく、真理に目覚めて完全無欠となり、もはやカルマをつくらない存在すべてを指します。そういう悟りを開いた覚者は、さまざまな形で現れて人々に愛と智慧と慈悲を与え、悟ることができるように手を貸します。生けるものはすべて仏性、つまり悟りに達し、心の純粋な根本的性質に気づくことができる生来の能力を持っています。

もちろん、悟りに到達するのは容易ではありません！しかしブッダを瞑想することが、ブッダの示す純粋な性質を共感するのに役立ちます。そして覚者の性質が次第にあなた自身の中に現れてきます。このブッダの瞑想は、よいカルマをつくるのに有効な方法です。定期的に実践すると、あなたの心はもっと愛や慈悲や智慧を受け入れやすくなり、怒りや愛着や憎しみに傾きにくくなります。

ブッダ、あるいはキリストのような悟りを得た崇高な人物が持つ、純粋な性質をイメージしやすくするために、そういう人の肖像を用意する必要があります。

1 背すじを伸ばして楽に座ります。目を閉じて、呼吸に注意を向けます。心を落ち着けるために、数分間、呼吸を観察します。

2 このブッダの瞑想はよいカルマをつくるのに役立つだけでなく、自分自身の悟りに向けて努力することによって、他人が苦しみから自由になって幸福を経験するのを助け、他人のためにもなるのだと考えます。

稳やかで慈悲深いブッダの顔を瞑想すると、愛と智慧と思いやりをもって行動する気持ちになります。

3 ブッダの顔はまばゆいばかりに美しく、愛と平和に満ちています。その慈悲深い微笑が、あなたや他の生きとし生けるものを、評価も批判もせずに見ています。ブッダはありのままのあなたを完全に受け入れます。

4 ブッダの心から光線が発し、果てしない流れとなっているところを心に描きます。その光線は放射された小さなブッダに満ちあふれていて、それがあらゆる場所の生きとし生けるものを助けるために、手を差し伸べています。光線が自分に届き、心が彼の慈悲を受けるために開くのを感じましょう。祝福され、穏やかになり、喜びに満ちあふれるのを感じましょう。

5 ブッダの生き生きした存在を感じましょう。覚醒している純粋な性質について考え、あなたが悪性をなくし、善性を養ってよいカルマをつくることができるようになるのを助ける、彼の意欲と能力について熟慮します。

6 心の中でブッダに祝福を求め、悪性をすべてなくし、悟りへ導いてくれる善性を伸ばすのを、助けてくれるよう懇願します。

7 あなたの求めを受け入れて、ブッダは心から純粋な白い光を放ちます。それは彼の純粋な悟った性質をすべて映している光線です。その光が頭頂部からあなた自身の体に注ぎ込み、あなたを純粋な白い光で満たします。

8 至福に満ちた気持ちになります。この状態で数分間休んでから、日常生活に移ります。

忍耐の瞑想

物事が思いどおりに運ばないと、人はたいてい、いら立ちや焦燥や怒りを感じます。エゴはすぐ自分勝手にものを欲しがり、うまくいかないとフラストレーションを感じます。しばしば生じる怒りその他のネガティブな感情は、悪いカルマをつくるまずい行為につながります。

忍耐を瞑想するのは、悪いカルマのもとになるネガティブな思考と行動を変えるのに有効です。とはいっても、ネガティブな感情に対処するのは大変だということを忘れてはいけません。忍耐の実践は悪いカルマを変えるための緩やかなステップであって、すぐに効き目を表す魔法の解決策ではありません。

1 背すじを伸ばして楽に座ります。目を閉じて、呼吸に注意を向けます。心を落ち着けるために、数分間、呼吸を観察します。

2 いらいらなどのネガティブな感情は、本質的に害悪ではないと考えます。自然に心の中にわき起こることもあり、そうなったときに恥ずかしがってはいけません。その代わり、いら立ちは永続しない感情だと思うようにしましょう。ただし、短気を起こすのはまずいことだと考えてください。その感情は過ぎ去るものだと肝に銘じます。

3 いら立つ気持ちは自分自身ではないと考えます。それはあなたの心を通り過ぎる、つかの間の感情です。いら立ちに共鳴せず、それを自分の存在に不可欠な要素ではなく、惑わされたネガティブな心の状態として見ることができれば、その感情を消え去らせるのも簡単です。

4 あなたには人生で物事が悪い方向に進むのを止める力がありません。それは本質的に不満足なことです。

けれども、その状況を受け入れて辛抱強く対処するほうが、下手に行動するより、生じる苦悩ははるかに少ないでしょう。事態が悪化するだけなのに、困難な状況と闘うのはなぜなのか、自問してください。

5 現在の困難な状況は夢のようなものだと考えるようにします。今この瞬間、状況はすべてあまりに現実的に思えますが、2、3日経って、ネガティブな感情が過ぎ去れば、遠いかすかな記憶に思えるでしょう。ですから、下手に行動して将来の苦悩のもとをつくるのは無益だということを、よく考えてください。

6 因果の法則を思い出します。今、困難な状況が生じたのなら、過去のどこかの時点──もっといえば大昔の生涯──で、その困難が生じる原因がつくられたのです。忍耐強く行動し、状況を受け入れ、事態を悪化させないように最善を尽くせば、悪いカルマは浄化されるでしょう。

7 困難な状況は、ネガティブな反応をして悪いカルマをつくる代わりに忍耐を実践するチャンスであり、精神的に成長するための道なのだと考えましょう。困難な状況に対する感じ方をこのように変えれば、そういう状況への対処もずっと楽になります。

8 また2、3分間、呼吸に注意を向けます。しばらく静かに自分の瞑想について反省してから、日常生活に移ります。

曼荼羅は、神の聖なる住まいを表すチベットのシンボルで、住まいは円形の防御の輪の中にある四角い宮殿として描かれています。これは、悟りに到達することで経験が完全に方向転換することを象徴しています。複雑かつ深遠な曼荼羅は、覚醒と悟りにつながる集中と意識を深めるのに役立つイメージ瞑想に適したシンボルです。

意志、行動、結果の瞑想

これまで述べてきたように、行為は意志と行動と結果で成り立っています。1つまたは2つの要素がなければ、カルマの結果は弱くなります。これは巧みな善行為にも、まずい悪行為にもいえることです。これに関連して、私たちの行為はすべて取り消しが効かないと考えることが大切です。いったん行為におよんだら、それを取り消すことはできません。カルマはつくられ、私たちは将来その結果を確実に経験するのです。したがって、行動する前に考えることが大切です。そうすれば、ネガティブな意志を行動に移すのを防ぎ、カルマの強さを緩和することができます。

私たちに起こることの大半は過去の原因から生じているのですが、将来カルマがたどる道に何が現れるかを決めるのは、現在の反応のし方です。ですから、話す前に考えることも大切です。あなたが誰かについて話をして、それが本人の耳に入るのなら、その影響を考えましょう。価値のあることを話すように、言葉が不和ではなく調和を広げるように、気を配りましょう。たとえば、誰かに怒鳴られたら一瞬沈黙します。怒鳴り返す義務はありません。

この瞑想では、行動する前に考える智慧について考えます。

1 背すじを伸ばして楽に座ります。目を閉じて、呼吸に注意を向けます。心を落ち着けるために、数分間、呼吸を観察します。

2 自分の感情に対する無意識の反応と思われる、いつもの行為について考えます。感情をすぐに行動に移すのが得策と考えているかもしれませんが、思慮のない行動は破滅をもたらしかねません。だからといって、自発的な行為がまずいということではありません。けれども自分の行動が巧みかどうかを確認するには、1秒もかからないでしょう。このように自分の行為を変えることがカルマにどう影響するかを考え、これからは実行する前に考えるようにすると決意しましょう。

3 聞き上手になると、自分の心に浮かんだことをすべて言う必要はないことに気づくでしょう。人と会話しているとき、自分の考えを話したくてたまらず、相手の話が終わるまで待ちきれないということがよくあります——身を入れて聞かず、いら立ちをあからさまに示すことさえあります。けれどもこのような会話をしていると、筋違いのことを言ってしまい、相手から何かを学ぶ最高のチャンスを逃すことになります。これからは他人との会話のあいだ、もっと注意深く辛抱強く耳を傾けると決意しましょう。

4 誰かに親切にされると、お返しに親切にする傾向があります。誰かが不愉快なときは、その人に対して無愛想になりがちです。けれども誰かに反応するたびに、人はカルマをつくっているのです。自分の行為がカルマの結果のもとになることを認識して、他人に対して上手に反応する努力の重要性を考えましょう。

5 また2、3分間、呼吸に注意を向けます。しばらく静かに自分の瞑想について反省してから、日常生活に移ります。

八吉祥——金の輪、白い法螺貝、1対の金魚、勝利の幡、傘、宝瓶、蓮花、終わりのない結び目

カルマとキャリア

たいていの人は人生の大部分を仕事に費やします。ですから職業の選択は、仕事への満足、給料、休暇、労働条件、雇用の安定など、いろいろな意味で重要です。人によっては他にも――おそらくもっと目立たない――重要な問題があると感じるでしょう。それはたいてい価値観と倫理観に関係しています。仕事での個人的な行動は明らかにカルマをつくりますが、カルマは複雑ですから、雇い主が携わっている事業の種類も従業員全員のカルマに影響します。ですから、たとえあなたが職場で智慧と思いやりをもって巧みに行動しても、雇い主が倫理に反する事業をしていたり、堕落した商行為をしていたら、あなたも集団の悪いカルマをつくることになります。

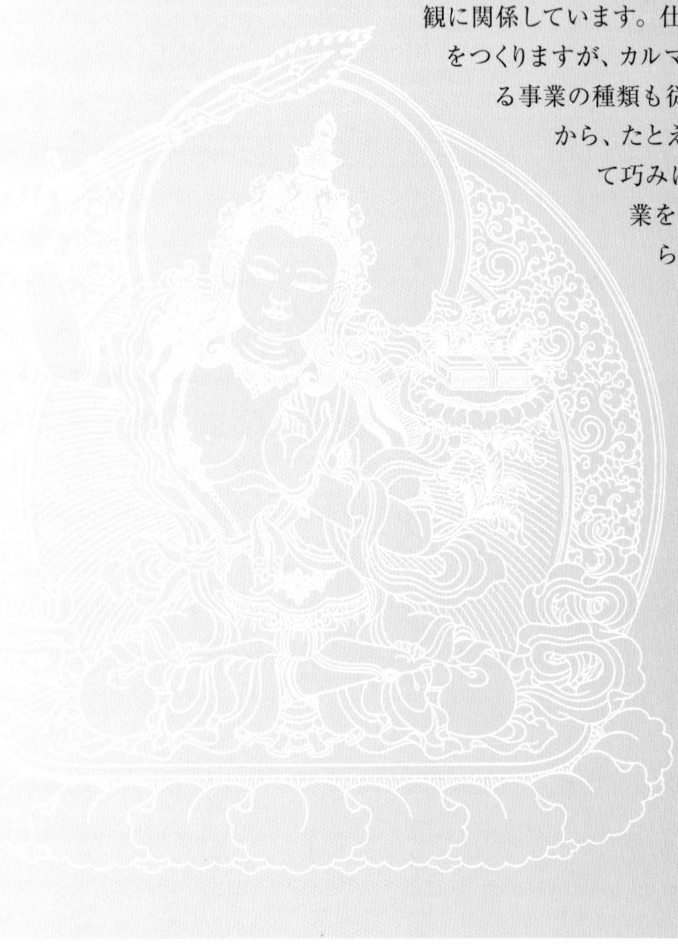

智慧の菩薩であるマンジュシュリは、あらゆるブッダの特異な気づきを体現しています。菩薩は自分自身の苦悩の解放だけでなく、生きとし生けるもののために悟りを求めます。マンジュシュリは橙色で、蓮華座を組み、右手には燃え立つ智慧の剣を持っています。左手は胸の前で、智慧の権化である般若波羅蜜多心経と呼ばれる仏典を載せた蓮の茎を持っています。

カルマについて職業からわかること

どんな職業を選択するかによって、あなたがどんなタイプの人か、さまざまなことがわかります。たとえば、人の世話をする職業の人は、顧客や同僚の幸福を気づかい、他人のためになる役割を果たす意欲があります。

一方、学歴がない人や訓練を受けていない人は、単調で簡単な仕事で終わるのが普通です。清掃、給仕、単純な事務の仕事などをしている人は、創造性を発揮しにくく、自分の能力を示すチャンスに恵まれません。けれどもどちらの例でも、たとえ仕事そのものにははっきり現れていなくても、職業選択におけるカルマの影響が見られます。

教師の仕事は、他人の役に立つことができる思いやりの仕事です。

社会の影響

人は何らかの形の集団で一緒に生活したり働いたりすると、自然に影響し合います。外部の影響も受け、ほとんどの人は社会環境からの影響にただ同調し、疑うことなく従います。こういう影響は、どんな家庭に生まれるかに端を発します。学業成績を重んじ、子供によい教育を受けさせるための時間と資源がある家庭なら、子供は大きくなってよい就職のチャンスに恵まれるでしょう。一方、仕事への期待が低い貧しい家庭に生まれた人は、たとえ賢い子供や意欲のある子供でも、よい職業に就く可能性ははるかに低くなります。まず、過去生からのカルマの印象がどんな家庭に生まれるかを決定し、さらに、どんな教育や訓練を受けるかで就職の機会が決まるわけです。

貧乏な恵まれない境遇から独力で大きな成功を収め、最終的に有力で富裕なキャリアを積んだ人の「立身出世」物語はたくさんあります。また、特権階級の人が人生を台無しにして、出世の階段から転げ落ちる話もあります。けれども、大部分の人が自分の境遇によって決まる予想どおりのキャリアを歩みます。予測される結果を何とかして変えた人たちは、個人のカルマのほうが集団のカルマや社会環境より強い影響力を持っていたと考えられます。そういう人が成功した、あるいは失敗したのは、過去生からのカルマの強い印象が、今生でしかるべき条件がそろって結実したからなのです。

よい動機の重要性

選択する職業から、仕事の中でつくるカルマについても、さまざまなことがわかります。たとえば、あなたの第一の動機ができるだけたくさん儲けることだとしましょう。あなたのキャリアはこの野心を反映し、たくさん稼ぐという目標に取りつかれたストレスの多い仕事になるかもしれません。一方、職業についての倫理的価値観や、自分の事業が人や環境を損なうかどうかは、おそらく気にしないでしょう。その場合、たとえ金持ちになっても悪いカルマもつくることになりますから、将来の苦難を自ら招いているわけです。

もっと倫理にかなう仕事をするには

自分の仕事をもっと倫理にかなうものにしようとするのは、難しいことのように思えるかもしれません。確かに、従業員としてのあなたが一番に努力すべきなのは、ビジネスのやり方を変えることではなく、与えられた任務を果たすことに違いありません。このジレンマを説明する面白い話があります。

ある誠実な若者がレストランのウェートレスをしていました。ベジタリアンである彼女は、食べるための殺生、とくに非人道的な方法で殺すのは間違っていると思っています。そこで客がロブスターを注文するたびに、キッチンにバケツいっぱいの生きたロブスターが用意されていても、その晩はロブスターをきらしていると言いました。客は必ず別のものを注文するのでレストランの利益が損なわれる可能性はなく、しかもたくさんのロブスターが熱湯の鍋というただならぬ宿命から救われたのです。

ほとんどの職業で、古紙リサイクルの推進など、仕事の慣行を改善する方法が見つかります。

実際的な提案

ほとんどの職業で、仕事の慣行を改善する方法(前述の事例ほどドラマチックではなくても)が見つかります。ここで、仕事をもっと倫理にかなうものにする簡単な方法を提案します。

- 理想をいえば、すべての行動は巧みな気持ち、つまり意志から起こすべきです。そうであれば、愛他的行為のカルマが強くなるからです。一見親切そうな行為を軽率にとると、裏目に出て面倒を招く場合があります。たとえば、同僚に助けが必要かどうか尋ねもせずに性急に手を貸すと、相手は怒ったり、自分が無能で何もできないと感じたりするおそれがあります。

- 同僚とうまくやるのが難しい場合もありますし、職場の人みんなを好きになるとは思えません。けれども、たとえ好きでない人がいても、みんなに親切に思いやりをもって接することはできます。

- 勤めている会社の資産を大事にしないのが一般的で、紙などを無駄使いする人も大勢います。資源を無駄にしないようにしましょう。組織に感謝されるだけでなく、天然資源など仕事で使うものを大切にするのは環境にもよいでしょう。

- 文房具などの備品を、少しくらい家に持って帰ってもかまわないと考える人がいますが、これはやはり盗みです。人からでなく組織からの盗みでも、盗みは不正であり、悪いカルマをつくります。組織は従業員が少しくらい盗むことを予想していると主張しても、盗みは決して道徳的に許されるものにはなりません。

- 自分の仕事を心から楽しんでいる人はあまりいません。多少働きがいは感じるかもしれませんが、仕事は基本的に生計手段だというのが普通です。ほとんどの人は、勤務中にだらけた気分になる時があります。そういう時は、グループの人に迷惑をかけることがわかっていても、仕事をうまくこなさず、間違いを放置しがちです。そういう時にも意欲を保つのは難しいことですが、まじめにやろうと余分に努力することで、よい仕事の慣行を保つことができます。

悪い職場慣行を変える

非暴力コミュニケーション（NVC）は、職場の同僚との間にある悪い慣行を変えるのに役立つ有効な手段です。仕事で厄介な状況が生じたとき、関係者全員で正式なNVCのセッションを行って対処すれば、悪いカルマがつくられるのを防ぎ、全体的にもっと心地よい職場の雰囲気をつくることができます。NVCはいくつかある紛争解決モデルの1つですが、職場で手っ取り早く簡単に使えます。立場をはっきり自覚したうえで他人に反応することができ、それが真のコミュニケーションを促して、全員のニーズが尊重されるようになります。

非暴力コミュニケーションの目的は、さまざまな人同士の結びつきを改善することです。まず一人ひとりが、抑制されていることの多い自分のニーズを認識することから始めます。次のステップで、その状況にいるすべての人々に範囲を広げ、互いのニーズを認識し合います。以下に紹介する4ステップの会話は、職場で対立が起きたとき、2人以上の間で用いることができます。すべての人のニーズを尊重するための、迅速で簡単で実際的な儀式として、会社に提案できます。大切な原則は1つ、4つのステップで各人が順番に話し、決して邪魔をしないことです。NVCがうまく機能するには、つねにはっきりと意識を集中させることが大切です。そうすれば他人の身になってニーズを感じることができるので、その人についての評価も変わります。

1 観察——第1に、対立している状況で実際に何が起きているのかを観察します。そして判断や評価をいっさい加えず、観察したことを明確に表現してみます。人が何をしていると思うかにこだわって、それが自分の気に入ることかどうかを認識します——ただし、それをしている人を評価してはいけません。

2 感情——第2に、自分の観察結果を表現したあと、観察したことについてどう感じるかを表現します（感情は観察結果とは違います）。「私の気持ちは…」で始めましょう。

3 ニーズ——第3に、この状況におけるあなたのニーズが何なのかを表現します。自分の気持ちを確かめて心を開き、その立場から正直に話すことが非常に重要です。ニーズは誰もが持っていることを忘れないで。他の人たちもあなたと同じように、明快さ、誠実さ、敬意、そして安心感などへのニーズを表現します。

4 要望──最後に、あなたの仕事生活を豊かにする変化を求めます。ただし、権利として要求してはいけません。関係者による具体的な行動への要望、そして現実的で丁重な要望でなくてはなりません。相手は応じるはずだと期待せずに要望します。「お願いしたいのは…」で始めましょう──ただし、不当な要求にならないよう気をつけてください。

この4ステップの会話のあいだずっと、集中を保ちます。慎重に言葉を選び、信頼と誠実さ、思いやりと調和を促す言葉を使いましょう。きつい言葉、断定的な言葉、怒りのこもった言葉、あいまいな言葉は悪いカルマをつくるので避けましょう。

同僚との間に問題が起こったときは、正式なNVCのセッションが問題解決に役立ちます。

正命の概念を探る

テーラワーダ仏教の修道僧は平信徒の支援者からの施しに頼って暮らしており、金銭には触れることさえありません。

正命（正しい生計）はブッダが説く悟りへの八正道の1つです。他の7つについては本書の最終章で述べます（120ページ参照）が、倫理にかなう仕事へのブッダの導きについては、仕事がカルマにどう影響するかという文脈で考えるべきなので、ここで正命について検討します。

正命は、倫理にかなう手段で生計を立てることに関係しています。もともとは古代インドのアヒンサー主義、つまり非暴力主義に基づいているのですが、ブッダの時代に比べて現代社会では、誰も何も傷つけずにうまく仕事をするのが、はるかに難しくなっています。

仏教でもキリスト教でも、昔から僧や尼は金のために働きません。テーラワーダ仏教のしきたりでは、僧侶と尼僧はブッダやその信奉者と同じようなライフスタイルを守っており、修道僧は金銭に触れることさえありません。彼らは平信徒の支援者からの施しに頼って暮らし、その代わり平信徒たちは、僧侶や尼僧から精神的な支えと導きを得ています。修道僧は質素な精神修養の生活をしていて、支援するに値します。そういう意味で、彼らは正命の極みを示しています。けれども大半の人は生計を立てる必要があり、倫理的な職業を見つけるのが難しい場合もあります。

利益か、倫理か

現代社会――とくに西洋の富裕な先進国――におけるビジネスの多くは、倫理にかなうことより利益を最大にすることに関心があるので、現代の職業には非暴力主義をまっとうしないものがたくさんあります。たとえば、保険会社は保険金の支払いをできるだけ少なくするため、多大な時間を費やして顧客の請求を無効にしようとします。この行為は当然、有効な請求だと信じているのに支払いを受けられない人々に、多くの苦悩(時には害)をもたらします。それだけでなく、とくに会社の社長やオーナーにとっての悪いカルマをつくりますが、程度の違いこそあれ、従業員にも悪いカルマをつくります。

とはいえ、保険会社がつくる悪いカルマは、武器商人と比べれば軽いものに思えます。武器商人は膨大な数の死と破壊と苦難に責任があります。害を生じる職業は避けなくてはならないとブッダは説いていますから、自分が勤める会社が実際に何をしているのか、よく考えることが大切です。人、動物、または環境に害をおよぼす企業は、たとえ秘書や運転手のようなちょっとした仕事をするにしても、避けるに越したことはありません。

よい職業を選ぶ

悪いカルマをつくらないようにするだけでなく、積極的によいカルマをつくる努力をするために、医師や看護師やソーシャルワーカーになる、あるいは人権組織や環境保護団体で働くなど、人を助ける職業を選ぶことができます。そういう仕事は他人の苦難に能動的に働きかけるもので、非常に他人のためになります。しかし、誰もがそのようなきつい任務に向いているわけではありません。自分が勤める会社が有害でないことを確認できるかぎり、あなたの仕事そのものは悪いカルマをつくっていません。

よいカルマや悪いカルマをつくるという意味で、なぜ職業がそんなに重要なのか、不思議に思う人もいるでしょう。本章の初めに、人はどれだけたくさんの時間を仕事に費やしているかを考えましたが、仕事は活動でもあり、仕事の日には非常に活発に行動し、家で静かに休んでいるときよりはるかに多くの行為をなします。したがって、カルマをつくる可能性がはるかに高いのです。ブッダはもう1つ、仕事についての有益な基準を説いています。給料は一定の道徳規範に則って稼ぐべきだと考えるのがよいというのです。その規範とは、仕事は合法で非暴力で公正でなくてはならず、他人に害を与えるものであってはならないということです。

倫理的投資

働く必要がないほどの金持ちで、働く代わりに資産を利用して所得を得ている人はごくわずかです。そういう幸運な人たちは、悪いカルマを引き起こさないよう、投資方法を考える必要があります。たいていの人が倫理にかなった生計手段を考えるのと同じように、タバコの会社や有害廃棄物を出す会社のような、害を引き起こす企業の株式を所有していないことを確認しなくてはなりません。積極的に人々の役に立とうとしている倫理的事業に投資すれば、よいカルマをつくることができます。

これまでに挙げた正命の基準をすべて、自分自身の仕事に照らして考えると有益かもしれません。自分の仕事に満足していないと思う人、自分に向いていない役割にはまっていると感じる人、あるいは自分の仕事が思っていたほど倫理的ではないことがわかった人は、正命の原則で現状を評価しましょう。正命の原則に従うことで、どうやって先へ進み、代わりにどんな職業や仕事をしたいかを決めることができるでしょう。

大学に入る前に開発途上世界でのボランティア活動をするのは、自分より恵まれていない人々を助けるよい方法です。

ギャップイヤーのチャンス

大学入学前や卒業後に、最近はやりのギャップイヤーをとる若者が大勢います。彼らにとって、旅行と開発途上国でのボランティア活動を同時に経験するチャンスになります。そういう若者たちは、絶滅の危機にさらされている動物を保護したり、子供や大人に教えたり、科学プロジェクトを手伝ったりする仕事を選ぶことができます。このようなギャップイヤーの活動はすべて、貴重な教訓になります——自分より恵まれていない人たちを助けるのは、やりがいがあることだと教えてくれるのです。彼らは帰国すると、比較的倫理にかなった仕事を選択し、慈善行為を続けるようです。

これまでのところで、多額の利益を上げることだけが仕事の基準でないことははっきりしたはずです。たとえ現代社会が社会的責任や個人的良心より物質的幸福を優先させていても、あなたの仕事が倫理にもとる、あるいは苦難を引き起こすものであれば、あなたは決して真の幸福を見つけられません。給料は安くても、他人のためになるチャンスのある仕事を選ぶほうが、仕事への満足感は大きく、よいカルマをつくることになります。

新たにもっと倫理的なキャリアを見つけるには

本章を読んできて、自分が正しい職業に就いているのかどうか疑問が残る人もいるかもしれません。自分が人生で何を本当にやりたいのか、困惑と不信感も起こっているかもしれません。

下に示した簡単な質問を使って、自分の仕事の現状についての気持ちを整理し、どんな種類の仕事をしたいのかを見きわめることができます。古い未解決の問題が心に浮かぶかもしれません。逆に、自分の仕事を大きく変えたくない（あるいはその必要がない）と感じていることがわかるかもしれません。いずれにしろ、自分のキャリアについての気持ちを探るための、興味深いエクササイズです。

質問

細かいところまで正直に答えましょう――この質問とあなたの回答を見る必要があるのは、あなただけです。質問への答えが、実際にどうであるかではなく、どうでありたいかを示す場合もあります。

- あなたの仕事は倫理にかなっていますか？　「いいえ」の場合、あなたは仕事を変えたいと思うほど、そのことを強く感じていますか？　この2つは相互に関係する重要な質問です。自分の仕事は自分が望むほど倫理的でないと判断した場合、そのことが本当に気になっているかどうかを考えなくてはなりません。もしそれほど気になっていないのなら、そのことだけを理由に転職するのは腹立たしいと感じるかもしれません。高い給料や長い休暇など、気に入っていることをいろいろあきらめなくてはならないでしょう。この結論に達した場合は、ちょっとしたことを変えるほうがよいでしょう。本章で前述した提案（55ページ参照）を見直し、今の仕事の中で、倫理を向上させるためにできる小さな改善があるかどうか検討しましょう。また、倫理にもとる企業で働いていることについて強く感じるところがあるのなら、転職のためのあらゆる選択肢を探るべきです。
- あなたの仕事の本質は何でしょう？　もっと人を思いやる役割を果たしたいと思いますか？　現在の仕事はカルマの観点からは中立のようで、悪いカルマをつくることはないと思えるにしても、もっと他人や環境の役に立ちたい、そして意図的によいカルマをつくりたいと感じる人もいるかもしれません。そうであれば、現在のキャリアを福祉の専門職に変える可能性を探ってみましょう。
- 仕事をしていて幸せですか？　前述のとおり、幸福のほうがお金より大切です。もちろん適当な生活費を稼ぐことは重要ですが、仕事をしていて幸せでないのなら、たとえわざとではないにしても、ネガティブな行動をして悪いカルマをつくる可能性が高くなります。幸せでないのなら、どんな種類の仕事にもっと満足を感じるかを探ってみましょう。

コブラのポーズ

ブジャンガはヘビを意味し、ブジャンガーサナ(コブラのポーズ)は柔軟性を高め、背骨を強め、胸を開かせる、後屈のポーズです。背中に問題がある人、あるいは妊娠している人は、このポーズをしてはいけません。

1 床の上に体を伸ばしてうつぶせに寝ます。両手を肩の下に置き、足の甲と腿と恥骨をしっかり床に押しつけます。息を吸いながら、胸と腕を床から持ち上げます。息を吐き、両手を床の上に戻します。

2 次に息を吸いながら、腕をまっすぐに伸ばして胸を持ち上げます。必ず背骨全体が均等に後屈するようにしてください。楽に呼吸しながら、そのポーズを15〜30秒間保ちます。息を吐きながら背中を緩めて床に戻します。

カルマと繁栄

富の分配という観点から世の中を見ると、不公平に思われます。ほんの一部の人が必要もないほどたくさん持っている一方で、必要最低限の生活にも足りない人が大勢います。長いあいだ続いているこの状況を正そうと、国や国際機関が協力しているにもかかわらず、変化はわずかで、政治経済による解決は明らかに限定されています。特定の国に特有の不平等は、カルマと繁栄が密接に関係していることを示しています。本章では、富と貧困とカルマについて、その間の複雑な関係について探究し、いろいろなことを考えていきます。

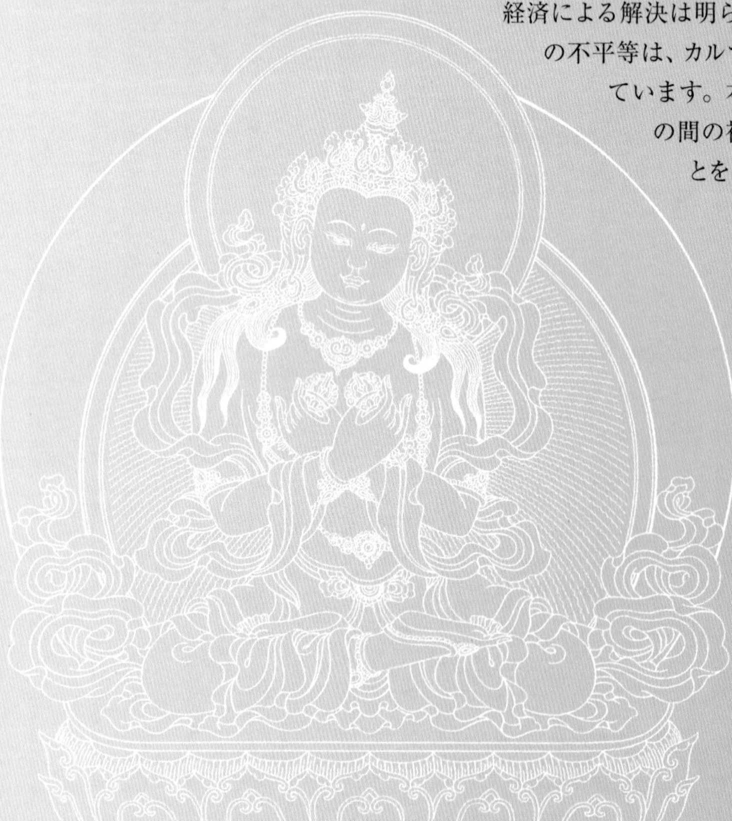

蓮華座を組み、慈悲と智慧の象徴である金剛杵と鐘を持つヴァジュラダラ（本初仏）。

なぜ裕福な人もいれば、そうでない人もいるのか

カルマの観点からいえば、不公平な富の配分という難問への答えは単純です。富は気前よさの果報であり、貧困は強欲の果報なのです。

これは本当ですが、裕福な人もいればそうでない人もいる理由には、生まれた場所や就いている職業など、他の要因も関わっています。けれども、ここで私たちが問題にしているのはカルマと繁栄の関係です。来生で裕福になるカルマをつくりたければ、今生で気前よさを実践し、与えることに対する自分の考え方を分析することが大切です。富を手に入れたら、それを他人の役に立てたいという願望も持っているべきです。そうでなくて自分のためだけに富を求める利己的な願望は、悪いカルマをつくるでしょう。

偉大な仏教の導師は、気前よさを実践することが善の根となって今生と来生に芽を出す、と言っています。

布施の精神

カルマの観点からいうと、あなた自身の現在と将来の繁栄にいちばん貢献するのは、他人に対する布施、つまり惜しみなく与えることです。布施には、物、時間、エネルギー、気配りなどを与えることと同じくらい、その心構えが含まれます。仏教では気前よさをダーナと呼び、与えること、あるいは慈善を意味します。もっと具体的にいうと、ダーナは物惜しみしない精神と実際に与える行為です。気前のよい行為は巧みでポジティブで、よいカルマをつくりますから、気前のよさとカルマは密接に関係があるわけです。一方、チャンスと手段があるのに与えないのは、悪いカルマをつくる意地悪でまずい行為です。

気前よさは愛着と強欲の効果的な解毒剤です。気前よさを発揮するチャンスをすべて活かしていけば、次第に布施の心が育っていくでしょう。愛着を気前よさに変えると悪いカルマが浄化され、よいカルマがつくられます。重要なのは与えるものの価値ではありません。ある偉大な仏教の導師は「たった1枚の硬貨、あるいはたった1本の草を与えるだけでも、それが善の根となって今生と他生に芽を出す」と言っています。次に紹介する仏教の言い伝えは、真の気前よさを説く美しい物語です。

気前よさの物語

2人の兄弟が自営の農場を共有していました。兄は所帯を持っており、弟は独身です。独身の弟はしょっちゅう兄のことを思い、妻子がある兄は農場の収穫の半分よりたくさん必要だろうと考えました。そして夜中こっそり納屋に行き、自分の取り分の穀物から数袋を兄のほうに移しました。結婚している兄は弟がどんなにか寂しいに違いないと思い、もう少し余分にお金があれば、弟は妻を見つけて身を固めるかもしれないと考えました。そして兄も時々こっそり自分の穀物を数袋、弟のほうに移したのです。兄弟どちらも、なぜ自分の取り分の穀物がそんなに多いのかわかりませんでしたが、どちらもありがたいと感じて幸せでした。

よいカルマをつくるために富を利用することの瞑想

他人に惜しみなく与える布施は、よいカルマをつくるために大切ですが、純粋な心構えによる布施でないことが多いので、結果として生じるカルマは善悪混合です。次に紹介する瞑想は、さまざまな与える行為の裏にある動機と意図を検討するのに役立ちます。どうすれば最も気前よく与えて、よいカルマだけをつくることができるのかを学ぶことができます。

1 背すじを伸ばして楽に座ります。目を閉じて、呼吸に注意を向けます。心を落ち着けるために、数分間、呼吸を観察します。

2 ブッダは3種類の気前よさ――乞食の気前よさ、友人の気前よさ、王子の気前よさ――を説いています。この瞑想では、3種類の布施とそれぞれがつくるカルマについて、よく考えましょう。

3 **乞食の気前よさ**　これは自分が欲しくないもの――家にあり余っているものや、もらったけれど気に入らなかった贈り物など――をただで与えることです。何もあげないよりはましですが、そのような行為は本当の布施ではありません。自分の願望やニーズを変えているわけでもなければ、与えるものへの愛着に対抗しいるわけでもないので、自分はとくに気前よくしていると思ってはいけません。実際、乞食の気前よさは自分の家を片づける手段にすぎない場合もあり、結果として生じるカルマは、あまりよいものではありません。

4 **友人の気前よさ**　これは自分の持っているものを他人と自由に共有することですから、乞食の気前よさよりましです。けれども、友人の布施については自分の意図を慎重にチェックする必要があります。あなたのおごりでレストランでのディナーに友人を招待することを考えてください。気前のよい行為に思えます。しかし、ひょっとするとあなたが選んだレストランは、あなた自身が好きな食べ物を出す店かもしれません。友人が自分も食事代を払うと言い出すのを期待していて、もし言い出さなかったら気を悪くすることもあります。純粋に友人の布施を実行しているのかどうか、自分が楽しんいるかどうか、あるいは感謝やお返しを期待しているかどうか、確認しましょう。ここで述べたように、友人の布施はたいていあいまいなので、カルマの結果は雑多です。

5 **王子の気前よさ**　これは見返りを期待することなく、自分の取り分より多くをただで与えることです。与えるために与えることであり、手に入れるために与えるのとは異なります。王子の布施を純粋に実践するのは非常に難しいことです。あなたが王子の布施を実践したときのことを思い出してみましょう。そして動機を注意深くチェックしてください。感謝の言葉だけだったとしても、見返りを期待していましたか？　よいカルマをつくるという動機、あるいは義務感からの布施でさえ、少し汚れています。王子の布施の目的は、純粋に思いやりから与えることであり、それがよいカルマをつくるのです。

瞑想しながら、ブーダが説いた3種類の気前よさと、それぞれがつくるカルマについてよく考えましょう。

貧困についてのカルマを考える

次に紹介するカルマについての思案は、カルマと貧困、富、そして気前よさの関係について、率直かつ前向きに考えることを目的としています。これを読むと、68〜9ページの瞑想と同じように、思慮深い探究をすることができるでしょう。

戦士のポーズ

ヴィーラバドラーサナは、すべての苦悩の究極の源である無智という万人の敵と、勇敢に戦う霊的戦士です。戦士のポーズは豊かさや布施の精神とも関係があります。

1 両足を大きく開いて立ち、右脚を外へ90度回し、腰を右脚のほうへ向けます。息を吸って、吐きながら右膝を曲げます。

2 息を吸いながら両腕を頭上に上げます。手のひらを合わせ、30〜60秒間そのまま保ちます。同じことを反対側で繰り返します。

思考の糧

とくに好奇心をかき立てられる考えを1つ選び、数分かけて、その意味をじっくり考えましょう。

- 秘密の寄付や匿名の寄付によって困っている人に施すのは、動機が称賛や感謝、あるいは見返りを受けることではないことを裏付けます。

- 不健全な態度で与えるのは簡単です。物乞いにお金を求められたときの、自分の反応を分析しましょう。たいていの人はその場を立ち去り、何も与えないことを選びます。小銭を持っていない、あるいはその人が本当の物乞いではないと思うのであれば、これは適切な反応かもしれません。それでも、物乞いは感情やニーズのある人間であり、たとえ施しをしないと決めたにしても、丁重に振る舞い、その人に嫌な思いをさせないようにすることはできます。施しをすることにしたのなら、いたわりをもってそうしましょう。励ましの言葉や微笑は、数個の硬貨と同じくらい、その物乞いを幸せにすることができます。

- 巧みに与えることは、腹立たしげに与える、あるいは何も与えないことより、よいカルマをつくります。

- あなた自身がいつか貧困に陥るかもしれません。富はたやすく失われるものです。自分が貧窮しているところを想像し、どれだけ他人に優しさと気前よさを示してほしいと願うか、よく考えましょう。

- 気前よくしたことのある人は、決して極貧の中で死ぬことはありません。

- 物質的な利益を与えるのは、できるとき、必要としている人に対してだけにしましょう。現実に即した布施でなければ巧みとはいえません。自分の面倒を見られなくなるほどたくさん与えて、結局極貧に陥ったら、あなた自身のためのよいカルマはつくれず、あなたの面倒を見なくてはならない人に迷惑をかけるだけです。

- 必要としている人を物質的に援助できなくても、軽蔑したり非難したりするのでなく、優しさと思いやりをもってその人たちのことを考えることで、布施の心と精神がはぐくまれます。

- 貧困者に対する真の気前よさとは、相手のニーズを自分のニーズより高いものと考え、その精神に従うことです。

- 幸せは富で決まるわけではないので、貧しくても、基本的ニーズを満たせるだけのものを持っている人は幸せかもしれません。けれども、食べ物や飲み水や住む場所を手に入れるお金もない極貧者は、苦しむほかありません。

- 私生活で、あるいは福祉の仕事を通じて、あまりにも自分を犠牲にしていると、疲れきってしまうかもしれません。そうなればもはや他人のために働くことができず、よいカルマをつくれなくなります。他人にエネルギーと善意を与え続けられるように、自分自身のこともきちんと気づかう必要があります。

豊かさを引き寄せる儀式

次に紹介するちょっとした簡単な儀式は、西洋魔術の伝承に基づいたものです。本物の魔術は、本来カルマの法則を理解しています。なぜなら、魔術のエネルギーはあらゆる宇宙のエネルギーや法則と調和して働くものだからです。ですからカルマだけでなく魔術の観点からも、気前よさは豊かさを引き寄せるために重要な役割を果たします。

豊かさを引き寄せるとは、たんに富を増やすという意味ではないことを認識することが大切です。豊かさとは、あらゆる創造的な試みや精神的成長を促すことをも指します。豊かさの儀式を行うのに最適なのは、春、月が満ちてきて満月に近くなっているときです。春の豊かでみずみずしい新たな成長も、円形の満月も、明るく発展的な雰囲気の中の自然を示しています。

豊かさの儀式で使う重要なものは、緑色のもの、銀貨、発芽中の植物、そしてエッセンシャルオイルのような芳醇な自然の香りです。よいカルマをつくる努力という原則をふまえて、この儀式は他人の役に立つことを第一の動機として行われるべきであり、自分自身の利益は二の次でなくてはなりません。この儀式のテーマは基本的に気前よさですが、「類は友を呼ぶ」という普遍原理も組み込まれています——つまり、他人に対するあなたの気前よさが、あなたへの気前よい行為として戻ってくるかもしれません。

1 おそらく絶対必要なのに余裕がなくて買えないものがあって、余分なお金を本当に必要としている友達(カルマ的なつながりのある人)のことを考えます。数分間、友達があなたに示してくれた優しさと愛情を思い返し、その人への思いにふけります。

2 紙幣を1枚手に取ります。自分は裕福ではないと思っている人は小額紙幣、余裕がある人は高額紙幣にしましょう。その紙幣は本来価値のない1枚の紙に過ぎず、お金そのものは善でも悪でもないと考えます。結果の善悪を決めるのは、お金の使われ方なのです。

3 ロウソクを取り、パチョリ、ローズ、ジャスミン、シナモン、ジンジャー、サンダルウッドなど、芳醇な香りのエッセンシャルオイルを数滴たらしてこすります。あなたの好きな香りにすることが大切です。ロウソクに火をともし、数分間、蒸発するエッセンシャルオイルの香りを楽しみます。

4 あなたを特定できるものが何も付いていない、無地の緑色の紙で紙幣を包み、それを封筒に入れて、友達の名前と住所を宛名書きします。

5 封をした封筒をロウソクのそば(ただし火が燃え移るほど近くではなく)に置き、数分間、気前よさについて瞑想します。

6 その封筒をその月の12日に友達宛に投函します。気前よい行為はよいカルマをつくりますが、この魔術の儀式のおかげで、あなたも誰かほかの人から気前よい行為を受けるかもしれません。

豊かさの儀式を行うのに最適なのは、自然が発展的な雰囲気にある、みずみずしい新たな成長の季節である春です。

カルマと人間関係

愛とは、私たちが経験できる最も強力な人間らしい感情ではないでしょうか。私たちは人生の中で人とのさまざまな関係を通じて愛情を表現します。両親、きょうだい、子供、恋人、友達、それぞれ愛し方はまったく異なります。愛は巧みで充実したものにも、不器用で破壊的なものにもなりえますから、人間関係には善悪両方のカルマをつくる可能性が多分にあります。本章では人との関係を考察し、どうすればそれを本当に愛情に満ちたものにできるか、どうすればネガティブな名ばかりの愛情表現に陥るのを避けられるかについて見ていきます。

あらゆるブッダの母である緑多羅菩薩は、慈悲と情けの女性菩薩です。救済者としても知られ、衆生を八大恐怖、つまり心の不浄から守ります。その緑色は大気を表し、四方八方へ同時に慈悲深い行為をなすことができる完璧な力を象徴しています。

人とともに巧みにこの世を生きる

私たちはみな友情と愛情を必要とし、大勢の他人と世界を共有しています。すべての人に対する広く温かい心と優しい気持ちをもって人生を送ることで、あなた自身が愛と幸福を経験するためのカルマがつくられます。

とはいっても、興味のない人や嫌いな人に対して愛情に満ちた態度をとるのは難しいことです。たとえば、親切にしてくれる人に愛情を感じるのは容易ですが、自分に不親切な人には好意を感じにくいものです。けれども、他人に対して――あなたに対する態度がどうであれ――つねに愛情深い反応を示すことで、あなたが将来、愛と幸福を手にするためのカルマがつくられます。

友情の本質

友情の本質をじっくり考えることで、自分の人生に関わるすべての人々を大切にすることが楽になるかもしれません。たとえば、親友のことを考えてみましょう。あなたの人生には、その人のことを知らなかった時期、2人の間にどんな友情が生まれるかわからない時期もあったわけです。ひょっとすると、親しかったけれども遠くへ行ってしまった友達や、仲たがいしてしまった友達がいるかもしれません。かつては深く愛したのに、今では何とも思わない昔のガールフレンドやボーイフレンドがいるかもしれません。こういう事例から、友達が敵になり、恋人が赤の他人になる可能性もあることがわかります。人間関係は時とともに変化するので、悪いカルマをつくる関係を避けるために、会う人全員を親友と思って大事にするのが望ましい、とブッダは説いています。

仏教の教えは、多くの異なる生涯にわたるカルマの働きを説明しています。この点を明確にするために、すべての生きものはいずれかの生涯で自分の母親だったという考えについて、熟慮するよう勧めています。あなたが出会う人はみな、あなたが多くの生涯を送っているあいだの一時期、あなたの母親として愛情をもって世話してくれたのですから、そういう人みんなに愛情を感じるのが適切な反応なのです。だからといって、感傷的になったり、ひどく感情的になったりするべきではありませんが、あなたの人生をつらいもの、あるいは不快なものにする人に出会ったとき、その人がかつては愛情深い母親だったと思えば、その人の今のネガティブな行為に対して、まずい反応をしないようにするのも楽になります。

心を開く

多種多様な人間関係は、さまざまな喜びと課題をもたらします。家族、友達、恋人、そして同僚との関わり方はそれぞれ違いますが、すべての人間関係の真髄は互いに心を開くことです。相手に完全に心を開くことは危険に感じられるかもしれませんが、その人をもっとよく知り、理解することができるので、まるごと受け入れることができます。そうなれば、その人を──よいところも変わったところも──無条件に愛し、ありのままの姿を正しく評価するようになります。

子供のポーズ

バーラーサナ(子供のポーズ)は、子宮の中の胎児に似た安楽のポーズです。このポーズによって落ち着きと安心が得られ、柔軟性が高まります。

両足首と両膝を合わせてひざまずき、息を吸いながら両腕を頭上に上げます。息を吐きながらかかとの上に腰を下ろしてから、体を前屈させて額を床につけます。両手を足の横に置き、リラックスして呼吸に集中します。数分間ポーズを保ちます。

人への平静さの瞑想

出会う人みんなを好きになる、あるいは出会う人みんなとつながりを感じるとは限りませんが、本能的に好きになれない人にも、思いやりと礼をもって接してほしいと望むでしょうから、少なくともそういう人に思いやりと礼をもって接しようとすることはできます。そういう人もあなたと同じように、幸せを求め、苦難を避けようとしていることを考えましょう。そうすれば、好きでないことに変わりはなくても、愛想よくふるまって悪いカルマをつくらないようにするのも楽になります。愛する人、嫌いな人、関心を感じない人を積極的に区別しているかぎり、愛とは何かを本当に理解することはありません。真の愛は差別しないものです。

寺院で人への平静さを瞑想すると、祈りの場の中では万人がいかに平等であるかに気づきます。

1 背すじを伸ばして楽に座ります。目を閉じて、呼吸に注意を向けます。心を落ち着けるために、数分間、呼吸を観察しましょう。

2 あなたの前に座っている、または立っている3人の人を思い浮かべます。1人はあなたが大好きな親友、2人目は大嫌いな敵、3人目は関心のない見知らぬ人です。3人への気持ちがどう違うか、よく考えましょう。

3 友達に注意を集中します。友達はいつもあなたに親切なので、その人にはどれだけ温かさと好意を感じているかに注目しましょう。

4 注意を敵に向けます。その人があなたを傷つけた、あるいは無視したために感じる悲しみ、あるいは怒りを観察しましょう。

5 見知らぬ人のことを考えます。見知らぬ人への感情は、友達に対する愛情や敵に対する嫌悪ほど強くないかもしれません。その人には無関心です。

6 この3人についての感じ方は、もっぱら自分に対する彼らの行為に根ざしていることを認めましょう。友達が突然あなたに背を向けたところを想像します。好きだという気持ちは敵意に変わるでしょう。あなたの愛情の土台は、友達の持ち前の性質ではなく、その人があなたにもたらす恩恵だったことを認めましょう。

7 あなたの敵が優しさや援助を差し出したらどうなるか、じっくり考えます。その人への判断は間違っていたと思うかもしれません。何度も親切にされれば、あなたの敵意はやがて好意に変わるでしょう。

8 見知らぬ人への無関心についても同じことがいえます。その人と出会い、会話をして、共通点が多いことを知り、友情が芽生えるところを想像しましょう。

9 すべての人間関係のもろさや変わりやすさを、じっくり考えましょう。他人に対して愛情や嫌悪や無関心を感じなくてはならない、論理的理由はありません。友達も出会う前は見知らぬ人でした。敵というのは仲たがいした友達かもしれません。そして見知らぬ人はたやすく友達になりえます。

10 すべての人に敬意を払い、気づかうことを決意しましょう。人間関係は変わるものです。何事にも平静でいることが、無常のこの世界に対する賢明な反応なのです。

決別することを学ぶ

ある偉大な仏教の導師の部屋に、美しい花びんがありました。訪れる人はみな、このすばらしい花びんに感心します。ある日、1人の弟子が師に会いに来て、ドアを不器用に開けました。すると花びんは床に落ち、粉々に砕けてしまいました。

愕然とした弟子はあやまり始めましたが、ふと気づくと、師は微笑んでいて、美しい花びんが壊れたことに取り乱していない様子です。弟子は師に、なぜ大事な花びんを失ったことを気にしないのかと尋ねました。師はこう答えました。「いつの日かいやおうなく壊れてしまったときにも喪失感を覚えないように、私は常日ごろ、花びんはすでに壊れているのだと自分に言い聞かせてきたのだ。おまえもそういうふうにして、愛着と決別することができるようになる」

変化は不満のもと

この物語は、無常と変化は存在の一部であることを教えています。けれども人はたいていこの事実を不快に思い、物や人に愛着して生きています。それでも無常はここかしこで目につきます。果物かごの中のオレンジは数日で腐っていき、先週買ったバラはしおれています。変化は私たちの存在にたえず充満していて、苦悩と不満を引き起こします。たとえば、暑い夏の日に日光浴を楽しんでいるところを想像してください。しばらくすると暑くなりすぎて、冷たいプールに飛び込んで水しぶきを上げるとほっとします。ところが少し経つと寒さと疲れを感じ、プールから上がって日光浴をすることで、状況を変えることが必要になります。

物質的なものはすべて条件に依存して生まれるものですから、本質的に無常です。たとえば、テーブルの存在は木材になった木と、それをこしらえた大工に依存しています。そのような現象はつかのまのもので、いつか一時だけ現れます。しかしどんなに短くても長くても、その存在をもたらした条件はやがて変化し、ものは存在しなくなります。命そのものも無常であり、いつの日か死に変わります。無常には深く心痛むものがあり、存在のはかなさを思うと、自分自身の人生やそこに関わるすべての人々が大切になります。

あらゆるものに終わりがある

すべてのもの——人間関係も含めて——は変化し、やがて終わります。それが自然だからです。諸行無常を悟ることがカルマの理解には欠かせません。ひとたび諸行無常を知れば、もっと楽に人間関係への愛着を軽減できます。そうなれば最愛の人に過剰な願望を抱くことがなくなり、真の愛が花開きます。愛着によってできる悪いカルマも少なくなります。

ほとんどの人間関係はどこかしら変化していて、至福に満ちた関係にも山や谷があるでしょう。すべての人間関係は最終的に仲たがいか、どちらか一方または両方の死によって終わります。無常と変化を理解することで人間関係や友情への愛着と決別することができるようになれば、悪いカルマをつくらずにすむのです。

果物が数日の間にだめになるのを見ていると、諸行無常をはっきりイメージできます。

決別をイメージする

固く握ったこぶしで物をつかもうとしても、握っているせいで物は逃げていきます。流れる水をつかもうとしても、水は手をすり抜けていくのと同じです。人生を進展するままに受け入れるのは、水の流れに開いた手を洗わせるのに似ていて、ありのままの人生に感謝できることを意味します。そうすれば人生を止めようとすることなく、自然に流れるままに任せることができます。

転生という観点から考えると、どんなものにも人にも執着するのは無意味です。すべての関係は生まれては消えていくのですから、その時が来たらすんなり手放しましょう。生涯を通じて、できるだけたくさんのものと決別すれば、よりよい生まれ変わりのためのよいカルマをつくるだけでなく、死に際して、生そのものともう少し楽に別れることができるでしょう。ここに紹介する決別のイメージは、最近、死または破局によって誰か大事な人を失った人にとくに有用です。

1 背すじを伸ばして楽に座ります。目を閉じて、呼吸に注意を向けます。心を落ち着けるために、数分間、呼吸を観察しましょう。

2 このイメージの目的は、関係していたのに死んでしまった、あるいは遠くへ行ってしまった人をたたえることです。数分間、無常を──すべてのものは過ぎ去ることを──瞑想し、その人に愛着せず、平和に愛をもって決別することを決意します。

手の上を流れる水は、何ものにもしがみつこうとせず、人生を進展するままに受け入れることを象徴しています。

3 その人のことを心に描き、ともに過ごした時間を思い出します。数分間かけて、2人で楽しんださまざまな特別な時間を思い起こし、互いに感じていた愛と情を思い返します。関係が終わっても、あなたが経験した愛情はあなたの心の中に残っています。その人のことをいとおしく思い、ともに時間を過ごしてくれたことに感謝します。

4 その人があなたと一緒に、金色または白色の光の輪の中にいるところを思い浮かべます。2人の別れの儀式を心に描きましょう。簡単なキスか、さよならの抱擁がいいと思えるかもしれません。ひょっとすると、両方にとって意味のある個人的な儀式があるかもしれません。

5 決別の時が来たと感じたら、周囲の輪が受精卵のように分裂し、あなたがた2人を隔てているところを思い浮かべます。2つの光の輪が回りながらゆっくり離れ、宇宙の広大な時空間へと入っていきます。

6 自分の思考と感情とともに静かに座り、相手の光の輪がゆっくりと離れていくのを思い浮かべます。愛着の無意味さと愚かさを認めましょう。そんな気持ちを持っていても状況を変えることはできず、悪いカルマをつくるだけです。

7 先に進む準備ができたと感じたら、このイメージによって2人ともたたえられ、あなたは優雅に愛と尊厳をもって決別できたと考えます。その人の幸福を祈り、その人と決別しましょう。

重要な関係

今生であなたと重要な関係にある人の中には、前生でも関係があった人が大勢います。前述のとおり、人間関係には善悪両方のカルマをつくる、大きな潜在力があります。

このようなカルマの関係は転生によって変わります。たとえば、現在の夫は前生で娘だったかもしれません。けれどもカルマによる結びつきは非常に強いので、また別の重要な関係を持つことは確かです。このような転生を超えた出会いは、映画や小説に描かれるような、死を乗り越えて持続する愛といったセンチメンタルなものではありません。誰か——母親、恋人、敵など、あなたの人生における重要な人物——と重要な関係を持つ生涯それぞれが、2人の間の悪いカルマを浄化するチャンスなのです。言い換えれば、今度こそ物事を正すチャンスを与えられているのです。

愛着と欲望の力

もちろん、ある程度は逆も真であり、1つの生涯で関わった2人の間につくられた、よいカルマが原因となって、来生で2人が出会い、純粋な愛のある関係を結ぶ可能性もあります。けれども、重要な人間関係では愛着と欲望が非常に強力な衝動となるので、再び出会うのは、新しいことをともに学び、過去の過ちを浄化するためであるのが普通です。

これはかなり推測的な理論だと感じるかもしれませんが、初めて人と会ったとき、前にどこかで会ったことがあるような奇妙な感覚を持ったことがある人も多いでしょう——デジャヴの感覚です。そのような感覚が決して証拠でないことは確かですが、ある種の前生のカルマによる関係を強く示しています。お互いすでに知っている（そんなことは今生ではありえないとしても）というこの感覚が起こるときは必ず、2人が何らかの重要な関係を構築している可能性は十分にあります。

親子

親子のきずなはとりわけ強く、たいていの場合、無条件の愛からひどい確執まで多様な局面があり、とくに子供が成長して独り立ちするころは、厄介な様相を呈します。親子関係の問題は、困難に直面したときに互いの愛を試し、率直に表現する機会と考えるのが、両親にとっても子供にとっても有益でしょう。問題は以前の悪いカルマを浄化するチャンスなのだと考え、精神的に進歩する手段として受け入れることができます。

不倫相手や恋人はさまざまな難題に直面し、そこには性衝動が関わってきます。強い身体的衝動には強い情緒的要求が付きもので、恋人に対する愛着が嫉妬を引き起こし、まずい行為に結びつく可能性があります。あなたと一緒にいる時間だけでなく、自分自身であるための時間を恋人にあげれば、互いに元気になり、2人の関係も盛り上がるでしょう。

母親と赤ん坊の強いきずなは、おそらく前生における関係がつくったカルマの結果です。

愛情と愛着の違い

愛情と愛着は混同しやすいものです。誰かを心から愛しているとき、その人には幸せになってほしいものです。自分と一緒にいることが幸せの決定要因かどうかは関係ありません。誰かに愛着することは、愛情表現として十分でも完全でもありません。

愛着は、自分が相手を愛する見返りに相手も自分を愛することを要求します。そうすることで、自分自身の幸福に自分で責任を負うのでなく、それを誰か他の人の責任にしようとするのです。愛着の固執性は不健全であり、悪いカルマをつくることになりがちです。

質問

以下の質問に正直に答えると、愛情と愛着の違いがわかり、真の愛に満ちた関係を育むのに役立ちます。

- 性愛は他人と共有する特別な形の愛です。誰かと愛し合い、性的に愛を表現すると、自分が弱くなったように感じることがあるので、相手と自分の両方の幸福に結びつくように行動することを、とくに心がける必要があります。自問してください、「自分のパートナーの幸せは、自分自身の幸せと同じくらい大切だろうか?」もし答えが「いいえ」なら、あなたの愛情は愛着に染まっているので、悪いカルマをつくるような行動をとる危険があります。

- 誰かに初めて性的魅力を感じたときは、恋に落ちたと考えがちです。自問してください、「この人は、長く続く愛のある関係を築ける人だろうか?」もし答えが「いいえ」なら、あなたは性欲への愛着を愛情と混同しています。愛と尊敬の念に満ちた関係を構築する前に、セックスが愛につながることを願ってセックスをすると、振られたように感じて傷ついて終わるかもしれません。

- 誰かに強い肉体的な魅力を感じたときに自問してください、「欲望のもととなった表面的な外見の奥を見て、心を開いてこの人のすべてを愛することができるだろうか?」外見に愛着するのは簡単ですが、真の愛は持続するのに対して、美はすぐに衰えることを忘れないでください。

- 人は恋に落ちると、新しい友達についての理想的なフィクションをつくり上げます。その人があらゆる面ですばらしいように思えるのです。けれども、しばらくすると相手の欠点が目につき始め、その人が最初に思ったほど完璧でないことに気づくかもしれま

せん。自問してください、「新しい恋人が完璧だという作り話に対する愛着を捨てられるだろうか?」関係が始まった時点で現実的になれば、愛を育てることができ、あとでがっかりしないですみます。

- 「かわいい子には旅をさせよ」というよく知られたことわざがあります。ここには不安でしがみつく行為のもととなる、愛着の本質がよく表れています。自問してください、「恋人が自分自身でいられる十分な時間をあげているだろうか、それともいつも一緒にいようとしているだろうか?」真の愛は余裕があって信頼をともなうものですが、愛着は窮屈で疑いを抱くものです。

支えられた仕立屋のポーズ

バッダ・コーナーサナ(支えられた仕立屋のポーズ)は、パートナーと行うすてきなポーズです。真の愛と愛着の違いを瞑想するのによいでしょう。

背中合わせであぐらを組んで座り、2人とも完全に支え合うようにします。パートナーの呼吸に耳を傾け、自分の呼吸のリズムを調和させます。愛のある関係は支え合いに依存していることを考えましょう。

健全な関係と不健全な関係の違い

すべての健全な関係の真髄は尊敬です。それは、一緒にいることを楽しみながら、互いにともに時間を過ごせることへの感謝として表れます。

けれども、私たちはあまりにも安易に人のことを当たり前と思い、無欲の優しさと好意によって自分の幸せや安らぎに貢献してくれていることを忘れてしまいます。会いたいと思う理由が、自分の感情的ニーズ（恋人の場合は肉体的ニーズ）の満足だけになっていきます。相手のために何ができるかなど気にしません。このように他人を当たり前に思うのは、不健全な関係の重要な特徴です。

よくある日常的な行動の単純な例からも、健全な関係と不健全な関係の違いがはっきりわかります。あなたが大事に思っている人が、優しい愛情のこもった笑顔であなたを見ているとしたら、あなたは幸せな気持ちになります。逆に、その人に腹立たしげににらみつけられたら、落ち着かない気持ちになって動転します。このようにあなた自身の経験から、人はみな他人から優しさと愛情を感じたいと願い、敵対的な経験は望まないことがわかるでしょう。

他人に心を開く

人間関係の中には、自分の人生に関わる大切な人との重要なつながりだけでなく、ちょっとした一時的な関係もあります。出会う人全員に優しく愛をもって接することを習慣にすると、自分自身の愛と幸せが見つかるカルマをつくることになります。人との関係が健全であれば、あなたは人を思いやり、愛をもって接する不断の努力を行います。そうすることで、狭量な自己中心主義から離れて、他人に心を開くことができるのです。そういう態度は謙虚であり、不健全な関係によくある利己的な傲慢の愚かさを教えてくれます。自分自身が生きていることに、そして自分と関係がある人々みんなに、感謝の気持ちを感じるでしょう。その人たちがいなければ、あなたは独りきりになってしまうのです。

心の中に他人への純粋な親愛の情を育むことで、あなたの人生に関わっている人みんなに、幸せのおすそ分けをすることができます。そして人は幸せなとき、心を開いて他人に愛情深く反応する傾向があります。ですから他人に温かい愛情をもって近づけば、思いやりのある親しみやすい反応が返ってくるでしょう。この愛情の相互交流は、みんなが幸福な環境を育てるのに役立ち、将来的に幸福を経験するカルマの原因をつくります。

投影と理想化

不健全な関係の場合、愛する人に空想を投影する傾向があり、その結果、その人に非現実的な期待を持つことになります。愛する人があなたの理想像にかなわないと、緊張が生まれて2人の間に問題を起こします。その人に関してつくり上げた幻想を超えて、その人を完全に理解する方法を学ばなくてはなりません。ありのままのその人を受け入れ、その人のすべてを──好きなところだけでなく欠点も──正しく評価するようにしましょう。健全な関係の場合、人についての投影や幻想を超えて、ありのままの姿を認め、大事にします。

前屈のポーズ

この変形版のヨーガのポーズは、人間関係がいかに互いを支えられるかを教えてくれます。

パートナーと向かい合って床に座り、足を閉じて両脚を伸ばします。自分の足をパートナーの足の甲の上に置き、相手の手をつかみます。パートナーに優しく腕を持ち上げて伸ばしてもらいます。腕を前方上へと動かしますが、自分では力を入れないようにします。

親愛の瞑想

仏教でパーリ語の「メタ」は「親愛」を意味します。よく行われるこの仏教の瞑想は、心の広さと開放性を養います。

親愛は他人の幸福と安らぎを気づかう純粋な気持ちです。けれども、私たちはまず自分自身への親愛の情を育てなくてはなりません。というのも、人は自分が幸せに値しないと感じたり、自分を厳しく裁いたりすることがあるからです。自分を愛し、受け入れることが、他人への親愛を育てるための第1歩です。

1 背すじを伸ばして楽に座ります。目を閉じて、呼吸に注意を向けます。心を落ち着けるために、数分間、呼吸を観察しましょう。呼吸に注意を払うとともに、自分の心の中に、すべての命に対する温かい思いやりの気持ちを見つける努力をします。

2 自分自身への親愛を育んでいきます。短所と長所はあるけれど、幸福を求めて苦難を避ける権利もある人間として、自分を受け入れます。自分は幸せに値しないと思ったり、自分に辛口の評価を下したりすることがあるかもしれません。そういう厳しい気持ちを和らげ、この悩める存在への思いやりを感じましょう。

3 心の中で自分に言い聞かせます。「私が無事に暮らせますように。私が幸福で平和で健康でありますように。私が問題なく毎日を順調に生きられますように」。このフレーズを心の中で数回繰り返し、その意味をよく考えます。思考力ではなく、気持ちを高めるようにしましょう。

4 数分したら、恩人、先生、両親、パートナーなど、自分を助けてくれた人を思い浮かべます。尊敬と愛情と感謝を強く感じる人を選びます。その人の名前を入れて、先のフレーズを繰り返します。その人が自分に向けてくれた大きな優しさを思い出し、その人への親愛を感じましょう。

5 数分後、心から愛情を感じている親友を思い浮かべ、その人の名前を入れて、先のフレーズを繰り返します。次に、特別な感情を持っていない誰かを思い浮かべます。これまでより難しいですから、その人も自分と同じように、苦難からの自由を求め、幸せを見つける権利があることを思い出しましょう。この人への親愛の情を育みます。

6 次に、傷つけられたことのある敵を思い浮かべます。その人を好きになる必要も、その嫌な行為を許す必要もありませんが、その人への親愛を育て、その人が害を被るのを願わないことはできます。たいていの場合、ひどいことをする人は多くの苦難を経験しているので、親愛の情を示されれば、もっと思いやりのある行動をとることができるのです。自分もひどいことをする場合があることを考えましょう。この人への親愛の情を育みます。

7 最後に、生きとし生けるものを思い浮かべ、親愛の情を発散させます。私たちはみな、持ちつ持たれつだということを考えましょう。孤立して生きている人はいません。充満する温かい親愛の情の中で、好きなだけ休みましょう。生きとし生けるものの幸福に、この瞑想の功徳をささげます。

慈悲と哀れみの菩薩である観音
（世の悲嘆の音声を観ずる女性）。

カップルのためのきずなの儀式

人生で大切な人間関係のうち、最も親密で情熱的なのはセックスパートナーとの関係です。大事な人と肉体で愛し合うことで生まれる深いレベルの親密さは、2人の間に他に類のない秘密の特別なきずなをつくり出します。他の人は誰も2人だけの経験を共有できません。けれども、互いに抱いている深い愛情の根底にある感情の強さが、問題を引き起こす可能性もあります。

以下に紹介するきずなの儀式は、互いへの思いやりと気づかいを表現する、相手への敬意に満ちた独創的な方法です。これによって2人の間のきずなが深まり、どんな困難な問題も解決できます。

1 まずパートナーと向かい合って、床の上のクッションか椅子か、どちらでも心地よくて儀式を行うのに適しているほうに、楽に座ります。互いに手をつなごうと思えばつなげる距離に座ります。5分くらいしたら鳴るように、静かなアラームをセットします。

2 2人とも目を閉じて、両手を自分の膝の上に置き、呼吸に注意を向けます。心を落ち着けるために、数分間、呼吸を観察しましょう。パートナーの近さと、相手が近くで呼吸している感覚を意識します。

3 アラームが鳴るのが聞こえたら、目を開けます。手をつなぎたければつないでもかまいませんし、膝の上に楽に休めておいたままでもかまいません。

4 普段の生活とは別の方法で、ともに互いを知るために時間をとることの大切さについて考えます。パートナーの目をじっと見て、あなたに向けて投げ返されてくる温かさと愛情に感謝します。落ち着かない、あるいは照れくさい気持ちになるので、笑いたくなるかもしれません。初めはそれでかまいませんが、そういう気持ちは過ぎていかせるようにしましょう。この愛情表現の中で、パートナーと自分自身を信頼します。

5 2人の間の深いカルマの結びつきを経験します。心の中で感じるものですが、その気持ちを探ってください。そして体の他の場所でも経験しているかどうか考えます。体の感覚をそのままにして、それがどんなものかをよく感じます。

6 次に、パートナーに愛情と感謝を言葉で表現します。どれだけ愛し、大切に思っているか、自分を大事にしてくれてどんなに感謝しているかを話します。自然体で、豊かな表現を心がけましょう。愛を表現する古い決まり文句が有意義な場合もありますが、自分の愛についてパートナーに語る自分なりの特別な方法をつくると、深く心を動かすことができます。

7 再び無言で数分間、相手の目を見つめます。次に1人ずつ順番に、相手への愛を心から訴える詩か散文を暗唱します。

8 最後に目を閉じ、手をつないでいた場合は自分の膝の上に戻し、数分間、ともに静かに瞑想します。

カルマによる苦しみを癒す

転生を重ねるあいだに蓄積された悪いカルマは、何らかの苦難として──いずれかの生涯で──現れます。小さな悪いカルマは軽い苦難を果報として引き起こしますが、重大なカルマの罪ははるかに大きな苦悩をもたらします。とはいっても、ほとんどの人は苦しいばかりの人生を送るわけではありません。苦あれば楽ありです。本人がつくり、条件がそろって今生で果報となった、よいカルマと悪いカルマのバランスが反映されているのです。このようによいカルマと悪いカルマが入り混じるのは、悪行為によるカルマの潜在力、つまり苦しみが、何らかの浄化によって変化し、癒される場合があることも示しています。

観音菩薩（チベット語でチェンレジグ）は慈悲の菩薩であり、チベットの守護神です。タライ・ラマはチェンレジグの生まれ変わりといわれています。観音菩薩は下の2本の手で胸の前に如意宝珠を持ち、上の右手と左手にそれぞれ水晶の数珠と蓮を持っています。4本の手は慈・悲・喜・捨の「四無量心」を象徴しています。

カルマによる苦しみを変える

今生だけでなく多くの過去生を通して、人は多くの悪いカルマを蓄積しており、中には今生で不快な結果を引き起こすものもあり、残りは来生に悪影響を与えるでしょう。

この厄介な予測から、ある疑問が起こります。多生のあいだにつくった悪いカルマすべてに対して、何かできることはあるのでしょうか。そんなカルマの結果すべてを経験しないですむのなら、そのほうがいいに決まっています！　さいわい、悪いカルマを取り除くことができる確実な方法があります。それが浄化であり、少なくとも悪いカルマの一部を今生、今ここで、変えるチャンスが得られるのです。

基本的に、浄化のためにはまず何よりも、自分がいつか特定の状況で、まずい行いをしたのだと理解する必要があります。そして自分のまずい行為を認め、一切の責任を引き受けなくてはなりません。この段階はとても難しいかもしれません。最終的に自分の行為の責任は自分にしかないのに、自分の悪い行いを他人のせいにしたくなるものです。次の段階では、悪行為を心から悔いて、そのような悪い行いは二度としないよう、一生懸命努めることを約束しなくてはなりません。最後に、これからは徳のある善行為のみをするよう努力すると決意する必要があります。

自分の行動の記憶

悪いカルマの浄化については、あなたの意識への影響という観点から考えるのが役に立ちます。自分で悪いとわかっていることをした場合、たとえそれが昔のことでも、罪悪感が心の奥の無意識のどこかに隠れていて、時々、不快感や苦痛を引き起こします。悪行為の記憶が意識の上に出てきたとき、同時に恐怖と不安と懸念を感じるのは、この無教養な行為によるカルマの結果なのです。

親切なこと、気前のよいこと、あるいは思いやりのあることをすれば、その記憶で幸せを感じますが、意地悪で敵意のあることをした場合もそれを覚えていて、その記憶からはまったく違う気持ちになります。後者の記憶は不快なので、それを抑制するか、それから逃げ出すか、あるいは他の不器用な行為に夢中になるか、いずれかに努めることになります。これもま

過去の行動の記憶が意識の上に浮かんだ場合、その記憶は過去の行動によるカルマの果報とも考えられます。

たカルマの結果の一部です。ですから、よくない行為だけでなく、誤った行動の根底にある心の状態も浄化しなくてはなりません——つまり、自分のネガティブな思考を浄化するのです。

行動パターン

音楽の才能が前生における音楽教育の果報である(43ページ参照)のと同じように、行動パターンも果報と考えることができます。たとえば、すぐかっとする人の場合、その傾向は前生における怒りの行動の果報と考えることができます。今こそ、その浄化に挑戦するチャンスです。その人は、怒りは自分にとって悪いカルマをつくるだけだと考えて、怒りの衝動に身を任せないよう、懸命に、そして真摯に、努力する必要があります。

カルマの法則の1つに、どんな行動の結果も時とともに大きくなっていく、というのがあります。1つの果物の種が木になって、たくさんの実をならせるのと同じです。これがわかると、以前の悪行為によるカルマの潜在力を浄化するだけでなく、悪行為を二度としないように心を浄化しようという気になるでしょう。しばらく放っておいても害はないだろうと、悪行為の浄化を先延ばしにしたいと思うたびに、放っておく時間が長いほど、悪いカルマは大きくなることを思い出しましょう。今生で悪いカルマを浄化しなければ、そのカルマは次に生まれ変わっても持ち越され、もっと強く現れるのです。

適切な中和作用

まずい行いによる悪いカルマを浄化するだけでなく、それと似た性質の巧みな行為によって、よいカルマを培う必要もあります。たとえば、習慣的に盗みを働いていた人がいるとします。その人は悪いカルマの不幸な果報を経験して、そのようなまずい行いはやめようと決心しました。この場合、よいカルマを培う中和性の行為として最適なのは、気前よく与えることです。できるときは必ずその巧みな行為を実施するだけでなく、自分の持ち物を与える機会を積極的に探すべきです。

今生と過去生で間違ったことをたくさんしてきたことに初めて気づいたとき、自己卑下という罠にはまりがちです。最後にはすべてが絶望的だと感じるかもしれません。けれども、自分を自分の悪行為と同一視する必要はありません。過去の悪い行いとその結果のことで落ち込み始めたら、善行もたくさんしたことを思い出しましょう。浄化の真髄は、問題や間違いは意識の流れに浮かんだ一時的な輝点であって、自分の本性に固有のものではないと考えることで、それらをすっぱり捨て去ることです。問題や間違いを自分と同一視せず、その一時性を理解すれば、対処するのもそれほど難しくないことがわかり、捨て去って浄化するのが楽になるでしょう。

カルマの潜在力を取り除く

カルマの潜在力——よいものも悪いものも——を無意識の奥から解き放つ方法は2つしかありません。行為によってすでに種はまかれているのですから、カルマの潜在力にとって他の可能性はありません。ですからカルマは、定められた状況で成就するか、あるいは適切な対応策によって浄化されるか、どちらかです。どちらも起こらない場合は、カルマが現れるための条件がそろうまで、あるいはその前に本人が適切な善行為をとって浄化するまで、カルマの潜在力は心のどこかに残ります。

香をたく簡単な浄化の儀式は、悪いカルマの除去を力強く象徴するもので、瞑想とともに行うと効果的です。1本または数本の香を取り、心を込めて火をつけます。合掌した両手(108ページ参照)に火をつけた香をしっかりはさみ、まず頭の上、次に喉、胸の順に近づけます。これは身・語・意の悪いカルマの除去を表しています。次に香を祭壇に置き、瞑想のセッションを始めましょう。

瞑想の前に香をたく簡単な儀式は、悪いカルマの浄化に役立つ強力な方法です。

ミラレパが歌うしぐさで右手を耳に当てています。左手には神酒の入った頭蓋帽。

事例研究　ミラレパの生涯

12世紀のチベットに生きた仏教徒のヨーギであり詩人でもあったミラレパは、仏の道についての喜びにあふれた感動的な歌で知られています。とりわけ、師であるマルパから途方もない苦難を課せられたにもかかわらず、辛抱強く耐え、固い決意で悟りを求めたことで尊敬されています。

チベットの仏教徒の中で、瞑想と精神修養のすばらしさでミラレパに並ぶ者はいないといってよいでしょう。けれどもミラレパは若い頃、多くの嘆かわしい悪事を働いていました。彼の物語は、最悪のカルマをもひたむきな霊性に変えられる、驚異的な浄化の力を示しています。その霊性は最終的に、たった1回の生涯で完全な悟りへとつながったのです。

黒魔術

ミラレパが7歳の頃、父親は妻と子供たちと財産を弟とその妻に託してこの世を去りました。ところが弟夫婦は価値あるものをすべて横取りしてしまい、ミラレパの家族はひどく苦労します。残酷で不当な仕打ちを受けた、ミラレパは、激しく虐待されていた母親のために親戚に仕返しをしようと、黒魔術を習得したのです。そして自分の力を使って雹の降る嵐を起こしたところ、数人の親戚と他の人々が死に、家が倒壊し、その混乱の中で鳥や動物も死にました。

この破壊からしばらくして、ミラレパは自分の行為とそのカルマの重大性を理解し、悪いカルマを浄化しようと決心します。間違いを正そうと決意したミラレパは、助けてくれる心の師を求めて旅に出ました。ある導師としばらく過ごしたあと、彼はマルパというすばらしい指導者のことを聞きつけ、彼に会いに出かけました。ミラレパは自分のかつての悪い行いを心から悔い、師の指導の下に身を置きました。

ミラレパの試練

マルパはミラレパの状況のゆゆしさに気づき、浄化の実践として極度の試練を彼に与えました。その苦難とは主に、師のための家を何軒も建てさせることでした。仏教の教えを授ける前に、まずミラレパがそれを実行することを強要したのです。それはきつい仕事でした。なにしろただ家を建てるだけでなく、石を切り出してはるばる運ばなくてはならなかったのです。しかし、その苦労が取るに足らないものに思えるほどの苦難が待っていました。マルパはミラレパに、そのたくさんの家を壊して材料を元の場所に戻すよう命じたのです。さらにマルパは、ミラレパが師のために建てた高い塔から、彼を投げ落としました。

そんな一見ぞっとするような行動は、悟りを開いた導師の行為とは思えませんが、マルパはミラレパが自分の悪いカルマをすべて浄化するために、どれだけの苦難に耐えなくてはならないかを知っていました。ですからマルパの行動は、実はミラレパに対する大きな優しさだったのです。そのおかげでミラレパは、悪事を働いたのと同じ生涯で、その悪事を浄化することができました。その後ミラレパは何年間もイラクサを食べて洞くつで瞑想し、大勢の心酔者を引きつけ、やがて悟りに到達しました。

苦しみの本質の瞑想

この瞑想でとくに重要なのは、この世には毎日、自分にとっても他人にとっても、どれだけたくさんの不満と苦しみがあるかを自覚することです。

瞑想では通常、不満より苦しみに注意を向けますが、あらゆるレベルの幸せでない状況――軽い不満、苦悩、そして紛れもない激しい苦悶など――を包含し、あらゆる状態の存在、つまり体、感情、そして心の状態に注意を向けます。苦しみの本質を瞑想するのは不快に違いありませんから、なぜそんなことをしなくてはならないのか、疑問に思うかもしれません。けれどもこの瞑想は、人生を現実的に理解するのに役立ちます。不満に対抗して闘うのでなく、その存在を受け入れることで、悪いカルマとさらなる苦難が生じるのを防ぐことができるのです。

1 背すじを伸ばして楽に座ります。目を閉じて、呼吸に注意を向けます。心を落ち着けるために、数分間、呼吸を観察しましょう。

2 最初に考える不満、あるいは苦しみは、痛みの苦しみです。これには、体の痛みや精神的な不安、感情的な悲しみなど、自覚しやすいあらゆる形の苦しみが含まれます。体の痛みについて考え、極度の痛みを感じた時のことを思い出しましょう。毎日、小さな痛みをどれだけたくさん経験しているか考えてみます。この不快さは歳をとるにつれて悪化するばかりだと考え、体に愛着することがどれだけ愚かであるかを思いましょう。

3 次に、感情と心の苦しみについて熟慮します。自分が寂しかった、落ち込んだ、嫉妬した、不安だった、そして腹立たしかったときのことをすべて思い返します。気持ちや心の痛みをまったく感じていないときなど、ほとんどありません。誰もが――あなたと同様――幸せになりたい、苦しみを避けたいと思っていることを考えましょう。不満は万人に共通であり、あなただけのものではありません。

4 次に考えるのは、変化の苦しみです。これはもっと微妙な問題です。というのも、自分に幸せをもたらすと思っているものに関係しているからです。「いいことにも必ず終わりがある」という格言について考えましょう。これまでに経験したすばらしいこと、手にしたすばらしいもの、すべてを熟考します。特別な休暇、愛に満ちた関係、すばらしいセックス、スピードの出る車、きれいな洋服。そういうものが終わると物足りない気持ちになり、それが不満のもとになるのです。

5 すべては移ろい、喜びに執着すれば痛みは避けられません。美は衰え、若さは老年となってやがて死に至り、お金は使い尽くされます。こういうものが永続する幸福をもたらすことはありえません。

6 3番目に考えるのは、遍在する苦しみです。これは自分の存在の本質そのものに関わるもので、私たちが病や死の苦しみを忘れようとしながら、つかの間のはかないものに幸福を見出すことができると愚かにも信じていることを指します。仏教の道は、苦しみを軽減し、最終的に不満の原因をすべて取り除く方法を示します。しかし、まずは生きることは苦であるという本質を受け入れ、理解することが大切です。

7 ものに愛着しないようにすること、そして物事は変わるものだと受け入れることを決意しましょう。誰もがいかに不満にとらわれているかを考え、できるだけ他人に親切にすることを誓います。

逆境を変え、智慧を高める

次に紹介するすてきな物語は、逆境も見方を変えるだけで逆境でなくなることを教えてくれます。

侵略軍が小さな町に到着しました。住民全員を殺す気です。大部分の人がすぐに降伏するか、あるいは逃げ出しました。軍の大将は仏教の寺院にずかずかと入り、1人の禅僧に出くわしました。僧が恐怖を見せず、すぐ地面にひれ伏して命乞いもしないことにいら立ちを感じた大将は、脅すように剣を振りながら怒鳴りました。「わかっているのか、おまえの目の前にいるのは、瞬く間におまえを突き刺すことができる男だぞ」。すると僧は落ち着いて答えます。「おわかりですか、あなたの目の前にいるのは、瞬く間に突き刺されることができる男です」。大将は僧の意外な答えに返す言葉が見つからず、うやうやしく礼をして立ち去りました。

違う考え方をする

物事がうまく行かないときは、落ち込んだり、怒ったり、絶望したりしがちです。けれども、そういう不運を変化へのチャンスと考えれば、智慧を高め、努力することによって、不運な状況への対処方法を変えることができます。悪いことが起こるのを止めることはできません――それも人生なのです――が、反応を変えることはできます。逆境自体を変えることができないので、ネガティブな感情、つまり怒り、憎しみ、嫌悪という激情を変えなくてはなりません。こういう感情はとても強いので、変えるのは容易ではありませんが、信念に基づいた自制、忍耐、そして智慧を実践することで、だんだんにネガティブな感情を変えていけます。

逆境に直面したとき不幸を嘆いても、望ましくない状況を克服するのには何の役にも立ちません。役に立たないばかりか、あなた自身の不安がかき立てられ、心が不満な状態になってしまいます。逆境を解消するためにできることがあるかどうか、智慧を働かせて判断しましょう。もし解決が可能なら、心配する必要はありません。もし何もできないのなら、心配しても意味がありません。いずれにしろ、心配は時間の無駄です。逆境に直面したときは我慢するのが賢明です。そうすれば、怒りに任せて行動して悪いカルマをつくるのを防げるだけでなく、苦しみを和らげることもできます。

意見は短命

今度つらいことが起こったら、智慧を働かせて、以前のまずい行為によってつくられた悪いカルマの一部を浄化する、願ってもないチャンスだと考えましょう。たとえば、言い争いはしばしば2つの異なる意見をめぐって起こります。意見というのは短命だと覚えておいてください。意見は1人の人間の認識ですから、本質的に存在するものではありません。このように考えると、自分の意見への執着を捨てることができます。そうすれば、たいがいの言い争いはすぐに解決します。ですから、困難な状況にはまり込んだと感じるのではなく、習慣的な行動と思考のパターンから抜け出すチャンスと考えましょう。他人に譲るのは、弱さではなく強さと智慧のしるしです。

牛の顔のポーズ

ゴムカーサナ(牛の顔のポーズ)は、緊張を解いて落ち着きを取り戻すのに役立ちます。

両脚を伸ばして座り、左脚を右脚の下で曲げて、左足首を右の腰のそばに置きます。次に右脚を左脚の上に交差させます。左腕を頭上に上げてから曲げ、右腕を背中の後ろに回して上に向けます。左肩の後ろで両手を握り合わせます。60秒までポーズを保ってから、左右を逆にして同じことを繰り返します。

カルマと心理学

内面の心理学的能力を使って、なぜ自分がこういうふうに考え、行動するのかを探ることができます。そうすることで、より深くカルマを理解できます。

たとえば、因果を熟考して分析すると、カルマの教えは正しいということを、理路整然と論理的に理解することができます。そうすることで、わけもわからずにただ信じる迷信を超越しますから、カルマに対する自分の——あるいは他の人の——理解や信念に疑問を投げかけられても、しっかりした論理的思考と有効な論拠によって説得することができます。さらに、カルマに対する高度な心理学的理解は、あなたを自然にポジティブで巧みな行為へと導きます。

チベットの智慧の菩薩であるマンジュシュリは、燃え立つ剣と仏典を載せた蓮を手にしています。

内面の智慧を働かせる

けれども調査、分析、熟考する優れた心理学的能力を使わなければ、たとえ知的素質に恵まれていても、開発されないままで終わってしまいます。仏教の考え方によると、心理学的理解には内面の智慧を働かせることも含まれます。内面の智慧は、知性によるところもありますが、知力による理解よりはるかに大きなものです。特別な「知」であり、経験によって得られる不可思議な造詣の感覚です。

瞑想をするたびに、心理学的能力を使ってカルマの理解を深めることができます。けれども最終的には、たとえどんなに長い時間をかけてカルマのようなテーマについて熟考し、その本質を探究しても、限られた理解しか得られないことを受け入れなくてはならないことが、このプロセスからわかります。どんなに心理学的に探究し、瞑想しても、カルマにはあなたの知らない面が残ることを悟るでしょう。

夢とアーキタイプ

心理学の偉大な先駆者、カール・ユングは、無意識の心に存在するものがあるからには、人はすべてを意識的に知ったり理解したりすることはできないと気づきました。前にも述べたように、夢は無意識から意識へと「もの」を運ぶ機能も果たしています。ユングがアーキタイプと呼ぶ強力な普遍の表象もまた、心の無意識と意識の両方に影響を与えます。定期的に瞑想を続ければ、熟慮と探究によって生まれる洞察をもっとたくさん理解できるようになるでしょう。しかし時には、すべてを理性や意識で知ることはかなわず、洞察は無意識から意識へと入ってくる場合もあると、認めなくてはならないのです。

瞑想は直観的・経験的理解につながることがあり、それが知覚の変化を促します。そうなれば、瞑想はもはや知的プロセスでないことがわかるでしょう。知性を超え、もっと深いレベルの心に近づくことができるのです。そういうふうにカルマを瞑想すると、意図的な行為とその結果についての理解が深まり、カルマの働きに対するより深い理解が生まれてきます。自力でカルマの真実がわかってくるのですが、これは自分自身の直接的な経験による理解であり、本で読んだことから得られるものではありません。

真摯に祈りやアファメーションを唱えることで、ネガティブな思考を浄化し、ポジティブに考えるよう心を鍛えることができます。

よいカルマのための
アファメーションと祈り

次に紹介するアファメーションと祈りは、瞑想のセッションの最初か最後に唱えるだけでなく、いつでも気楽に読んでじっくり考えてください。

祈りは伝統的な仏典から引用されたもので、ポジティブで愛他的な思考をするよう心を鍛えるために、何世紀にもわたって広く一般に用いられてきました。アファメーションとは伝統的な祈りの現代版ともいえるもので、同じようにポジティブ思考を養い、ネガティブ思考を阻止する最新の手法です。祈りもアファメーションもネガティブな思考を浄化し、ポジティブで意図的な行為だけを起こすように、心を導きます。

暗唱文例

祈りもアファメーションも、真摯に定期的に唱えることで、よいカルマをつくります。

- 生きとし生けるものに幸せと幸せの種がありますように。
  生きとし生けるものから苦しみと苦しみの種がなくなりますように。
  生きとし生けるものが苦しみを知らない幸せから分かたれませんように。
  生きとし生けるものがつねに平静でいられますように、そして人を引き寄せたり遠ざけたりする愛着と怒りがなくなりますように。

- 人生に意味を与え、よいカルマをつくるために、私の心が愛の寺となって、そこから他人に思いやりと智慧をもって手を差し伸べるところを思い描きます。私の倫理観は、誰であろうとすべての人を愛し、尊敬することです。

- 他の生きとし生けるものへの責任は万人にあると、私は信じます。私がすることはすべて重要であり、世界中にカルマの影響を与えることを、私は知っています。

- 宇宙が存続するかぎり、
  そして生けるものが残っているかぎり、
  私もとどまって
  世界の悲惨さを追い払えますように。

- 善行を1つ1つ重ねることで、はやく悪いカルマを浄化できますように。そして他の生きものの役に立つことで、はやくよいカルマをつくることができますように。

- 無私無欲と気前よさを実践すれば、意地汚い欲望と金銭欲は減り、私はよいカルマをつくります。
  愛と優しさを実践すれば、怒りと憎しみは消えて、私はよいカルマをつくります。
  智慧と知識を高めれば、無智と妄想は次第に消え、私は自分の悪いカルマを浄化します。

- 自分を抑え、他人を愛することで、よいカルマの種が生まれ、それが今生以降に実を結びます。

- 他人の行動を批判するより、自分自身の行動を反省し、どこを改善できるか考えることのほうが大切です。

- 欲望、憎しみ、怒り、無智による妄想がない心は、いつ、どうすれば一番ためになる行動をとれるか、本能的に知っています。だから私はよいカルマを咲かせ、悪いカルマをしおれさせるために、そういう妄想のない心を育てます。

- 悲しみではなく、心の輝きと元気につながる行動はよいカルマです。私はこのよいカルマが有益であることを知っているので、さっそく行動しなくてはなりません。

占星術、タロット、易から カルマをとらえる

占星術、タロットカード、そして易は古代の占い術ですが、ある種の予知のために現代社会でも非常によく用いられます。

たとえば、自分の誕生時の惑星の配列がどういう意味を持っていて、自分の将来に光を投げかける可能性があるのかどうか理解しようと、占星術師を訪ねたり、自分でホロスコープを研究したりする人がいるかもしれません。将来自分に何が起こると占星術師は予言しているのかと、たとえ占星術を「信じて」いなくても、新聞の星占いを(たいていこっそり)読む人は大勢います。

タロットカードをいくつかある伝統的な陣形の1つに並べます。そしてカードのパターンを「読んで」占います。

将来何が起こる可能性があるのかを知るという同様の目的で、タロットカードを使う人もいれば、コインを投げて易を調べる人もいるでしょう。最近ではいろいろな種類のタロットカードが手に入りますが、みなフォーマットは同じで、各カードにタイトルの付いた象徴的な絵が描かれています。最初はウェイトやクローリーのようなオリジナル版を使うのがよいでしょう。いくつかある伝統的な陣形の1つにカードを並べ、各カードが置かれた特定の場所で何を意味するのか、全体の印象はどうなのか、タロットカードリーダーかあなた自身が「読み」ます。

易経

易では、コイン投げが占いの手法として用いられます。投げたときの表と裏の組合せで、爻《こう》と呼ばれる横棒が途切れるか途切れないかが決まります。3つのコインを6回投げ、3本の横棒(三爻)を2組つくり、上下に重ねて六爻にします。もともとは細い棒やわらを投げていたのですが、今日ではコインを使うのが一般的です。六爻を書きとめたら、自分が投げたものが

どれなのかを知るために構成表を調べます。そして易経の適切な箇所をめくって、その六爻を説明する符丁を用いた文を読みます。

将来の可能性を予知してみたいという、この自然な衝動を行動に移すことは間違っていません。そしてその意図が巧みであるかぎり、そのような行動は悪いカルマをつくりません。けれどもこういう占いのツールには、カルマが自分の今の状況にどう影響しているのか、自分のカルマの潜在性にどう影響するかを見通すことができるような、もっと深遠な使い方があるかもしれません。

動機

カルマの本質を見抜くという観点からいえば、占星術やタロットや易経への最も有益なアプローチは、そもそも自分がなぜこういう占いのツールを探りたいのか、その動機を調べることです。くだらない好奇心が出発点で、新聞の星占いのページをめくることにした人も多いでしょう。けれどもその軽い興味が、こういう占い術によって学べることを探る、もっと深遠な旅につながる可能性があります。自分自身への理解を深めるために、自分の現状と性格を的確にとらえたいという動機をもったアプローチなら、精神修養に役立ちます。

易の爻は投げられたコインで決まり、それを上下に重ね合わせていきます。

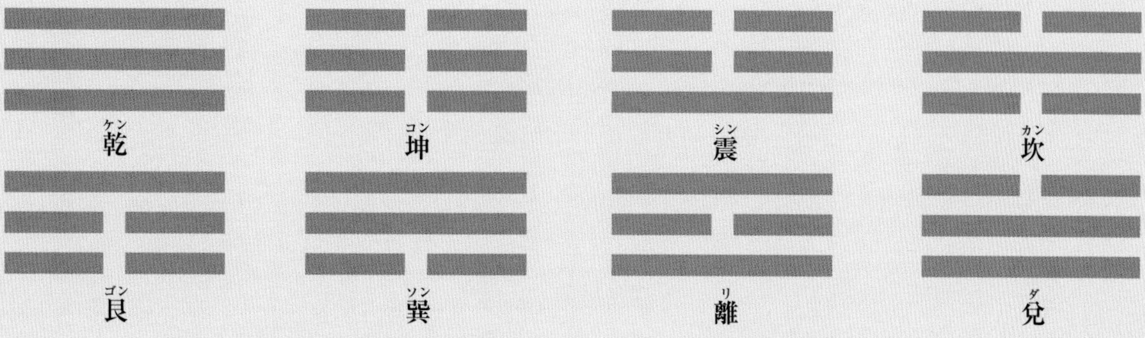

内面を鍛えるための気功

次に紹介する内面の力を鍛えるためのエクササイズは、心と体と霊のすみずみににわたる精妙なエネルギー――総称して「気」と呼ばれる――のバランスのよい流れを促すリズミカルな動きを体系化した、気功から引用したものです。この動きが穏やかに精妙なエネルギーを刺激し、強めます。伝統的に呼吸と合わせて行われます。このエクササイズを行うことで、フレッシュな新しい気を取り込み、精妙なエネルギーの源を再充電し、内面の力を養うことができます。集中力の高まり、ストレスの軽減、神経系のリラックスと強化も、このエクササイズを行うメリットです。

1 両足を腰幅より少し広く開いて立ち、両腕は脇にゆったりと下ろします。手のひらを内側に向け、軽く腿に当てます。膝がやわらかく、リラックスしていて、軽く曲がっていることを確認します。大きく息を吐き、肺を空にします。

2 長く深く息を吸いながら、ゆっくり両腕を横に上げます。腕は緊張させず、自然に曲線を描いた状態にしておき、両足をしっかり地面につけておきます。自分を安定させてバランスを保つため、遠くの水平線を見るつもりで、まっすぐ前を見ます。

3 両腕を上げ続けて、頭のほうにもっていきます。新しい気のスムーズな流れを促すために、腕はつねにリラックスさせ、緊張させないようにします。深く息を吸

い続けて、腕の動きと胸の開きによって生まれる上向きの気を吸収します。

4 両腕が体より上で、肩幅よりわずかに開くところまで来たら、その位置で止めます。気が頭上の太陽から手のひらに満ちるところを思い浮かべます。両手がスポンジのように、手のひらを通して気を吸収しているのだと想像しましょう。深く長く息を吸ったり吐いたりして、数回呼吸する間、立ったままこのように新しい気を吸収します。もういいと感じたら、息を吐きながら両腕を頭の上から体の前に静かに下ろします。

5 両腕を下ろしながら、顔、胸、腹を通じて気を体の中に導きいれます。新しい気が徐々に体の下のほうへと下りていき、あなたを落ち着かせ、リラックスさせ、古い気のよどみをすべてきれいにしていくところを想像します。手のひらを内側に向けたまま、ゆっくり下に動かします。

6 だんだんに息を吐ききりながら、静かに頭を下げて、あごの力を抜き、両手はそのまま腿の上部まで下ろしていきます。エクササイズを繰り返したいと思うかもしれません。その場合は最初から始めてください。おしまいにしようという気になったら、そのまま日常生活に入ってください。充電とリラックスができて強くなったと感じるはずです。

カルマから見た人生の目的

カルマの働きを理解することは、あなたの人生を変えるための第1歩であり、この変化は、自分の本質を悟ることで本当の幸せを見つけるための鍵です。本章では、幸せをつくり出して苦しみを避けるように、行為を変えることの重要性についてお話します。それが人生の究極の目的である涅槃へとつながる霊の道です。自分の本質を悟るというのは、何か新しいことを学んだり、新しい哲学を受け入れたりすることではありません。悟りとは、自分の本質があらわになるまで、間違った考え方やまずい行動と決別する――無知、憎しみ、怒り、欲望、愛着、そして嫌悪をすべて捨て去る――内面のプロセスです。

輪廻図には、悟りを開く努力へのモチベーションとして、輪廻転生についての仏教の教えが描かれています。中央の豚と雄鶏と蛇は、無知と貪欲と憎悪の三毒を象徴しています。外側の輪は十二支縁起を表し、輪全体が無常を象徴する赤い悪魔のあごに取り囲まれています。

涅槃——仏教の悟りの哲学

涅槃は悟り、または解脱とも言われます。ブッダが経験した、このとらえどころのない状態を表すのには、悟りという言葉が最適かもしれません。なぜならブッダの語源である「budh」は悟ることを意味するからです。

悟りに到達するには、いくつもの生涯でひたむきに教えを遵守し、瞑想する必要がありますが、それは不可能なことではありません。どんな生きものも——最終的には——悟ることができるのです。ブッダの生涯は悟りを開いた人の実例です。その生涯を概観することで悟りへの道が明らかになり、自分もその道をたどる気持ちになるでしょう。

ブッダの生涯

シッダールタ王子は、およそ2500年前に北インドの王族に生まれました。彼の誕生を祝う儀式で、高名な予言者が「彼は偉大な王か、あるいは偉大な宗教指導者になるだろう」と予言しました。この啓示を聞いて、息子には自分の跡目を継いで王国を治めてほしいと願っていた国王は、ひどく心配しました。そこで王は息子に霊的探究のチャンスを与えまいと決意し、シッダールタを王宮から出さず、楽しむことに忙しくさせ、その欲望を満足させたのです。

若い頃のシッダールタは贅沢と美に囲まれて過ごし、望みはすべて知られたとたんにかなえられました。ある日、快楽に飽きた彼は自分が王宮の塀の外に出たことがないことに気づき、贅沢三昧の監禁生活以外の世界はどんなものなのかと思いました。王はしぶしぶ、シッダールタが地元の町を訪ねる手配をしましたが、王子には不快な人生の現実を見せないようにと家来に命じました。その事前策にもかかわらず、シッダールタは老人や病人や死体を見てしまいます。その光景に深く心を痛めた彼は、生きとし生けるもの（自分も含めて）は必ず痛みを経験し、老いと病と死の悲しみを味わうのだと気づきました。

シッダールタはこの恐ろしい新発見について考えながら、意気消沈して川沿いを歩いていきました。途中、ぼろをまとっただけでほとんど何も持

菩提樹の下のブッダ。ここでシッダールタ王子は座して瞑想したあと、涅槃に到達しました。

っていないのに、限りない幸福と内面の平和に輝いている、1人の聖職者に会いました。そしてシッダールタは、自分が目撃したばかりの生きる苦しみから抜け出す道があることに気づきます。その夜、彼は王宮から逃げ出し、そのさすらいの聖職者に同行して、瞑想と宗教哲学を学びました。何年も熱心に瞑想し、厳しい行者の生活を実践した結果、シッダールタは多くの有益な霊的技法を学びましたが、依然として人間の苦しみの問題は解決できませんでした。

ブッダの悟り

シッダールタは瞑想するために木の下に座り、悟るまで立ち上がるまいと決心します。座して深く瞑想し、恐怖と欲望がわき上がるのを感じましたが、それは一時的な錯覚と気の迷いだと考え、毅然として瞑想を続けました。8日目の夜明け、明けの明星の光が木の葉を通して射してきたとき、彼はとうとう涅槃に到達しました。彼はブッダとなり、四諦(4つの聖なる真理)——苦は存在する、苦の原因は貪欲である、苦には終わりがある、そして苦の終わりと悟りにつながる道がある——を悟ったのです。

ブッダは私たちと同じ普通の人間でした。そしてブッダが最終的に自分の本質を悟ったのですから、私たち全員に同じ可能性があるのです。この可能性は仏性と呼ばれ、誰もが——動物でさえ——仏性を備えており、いつかは悟ることができるのです。ブッダは弟子に愛、智慧、慈悲について教え、さらにカルマについて、つまり自分自身の行動が苦または楽をもたらすのであり、苦か楽かは動機で決まるのだと認めることの重要性を説きました。

この本を読んでいるみなさんはすでに、涅槃へと向かう機会をつかむためのよいカルマをつくっていますが、悟るためには瞑想と徳行を実践しなくてはなりません。今あるよいカルマを守り、悟りへの道を歩き続けるためのよいカルマをもっとたくさんつくるには、智慧と思いやりをもって巧みに行動する必要があります。

定期的な瞑想が、愛と智慧と思いやりの愛他的行為と相まって、あなたを次第に悟りへと導きます。

渇愛を冷ます

悟りとはすべての欲望、渇望、願望を捨て去ることです。渇愛を冷ますことだといえます。これがあまり楽しそうに思えないのは、欲しいものを手に入れれば幸せになると、誤って信じているからです。しかし、つねに何かほかに欲しいものがあるという、永遠に満たされない苦の状態は続くので、そういう渇愛をすべて捨て去ることこそが真の幸福への道だと気づくこと、それが悟りなのです。

ブッダ（覚者）は他人の苦しみに背を向けません。世界の真ん中で生きて、他人の要求に智慧と思いやりをもって応えます。たいていの場合、ほとんど何も持たない質素な暮らしをしていますが、それでも心の安らぎに輝いています。悟りを開いた者はカルマをすべて超越しているので、愛他的な行為によってよいカルマをつくろうという願いさえなく、思いやりは単純に他人への自然な反応なのです。

悟りとは達成するものではありません。内面の気づきであり、渇愛を滅することです。悟りにはいくつもの生涯を経る必要があるかもしれませんが、その時が来れば、仏性は最初からそこにあったことがわかります。自分が気づかなかっただけなのです。悟りが開ける瞬間、それがあまりに明白になるので、本人はたいてい笑うといわれています。人生が変わったのではなく、それまでとは異なる悟った見方で見ているからなのです。

涅槃への道

カルマの教えは、悟りへの道を一歩踏み出すのに役立ちます。すべての行いがカルマをつくるのだと、たえず自分に言い聞かせていると、自分の行動に気をつけるようになります。周知のように、わがまま、怒り、憎しみ、貪欲に駆られた悪行為は悪いカルマをつくり、あなたを苦しみでがんじがらめにします。けれども、利他主義と思いやりと智慧に動かされた善行為は、よいカルマと幸福をつくり、涅槃への道につながります。

ブッダの悟りへの八正道

前述のとおり、自分の本質を悟る——涅槃に到達する——のは容易ではなく、普通はいくつもの生涯を経る必要があります。自分の好きなものへの欲望と愛着、そして好きでないものへの嫌悪と憎しみを、完全に捨て去らなくてはなりません。

涅槃を見つける一番の方法は、ブッダの「八正道」と呼ばれる、人々が最終的に悟るのを助けることを目的とした、うまく生きるためのガイドに従うことです。八正道とは、先に述べた四諦の4番目、苦を滅するための道です。その構成は、正見、正思惟、正語、正行、正命、正精進、正念、正定です。

ガーデニングのときに虫などの動物を殺さないよう気をつけることは、正行の実例です。

八正道

八正道の8つの道は、智慧・徳・瞑想の3つに分類されます。この3つは一緒に養う必要があり、順番に学んだり実践したりするものではありません。智慧、徳、そして瞑想は互いに強め合いますから、その和は個々を単純に合わせるより大きくなります。智慧に入るのは正見と正思惟、徳に入るのは正語、正行、正命、正精進、そして瞑想に入るのは正念と正定です。

- 正見(正しい見方)は、仏の道の基礎、最初の1歩です。人生は苦に満ちているけれど、抜け出す道があることを理解することです。そして、ブッダが悟りにつながると説いた道を試しに歩いてみなくてはなりません。彼の教えを自分自身の人生で試さなければ、うのみにしていることになり、そのような盲信をブッダは戒めています。見方は認識を左右し、価値観を決めます。世界や存在の意味を解釈するための枠組みをつくります。ブッダは2つの異なる見方があると説きました。苦を引き起こす行為へとつながる邪見と、私たちを正行へ、そして最終的に悟りへと導く正見です。

- 正思惟(正しい考え方)は、よい動機とよい意志を持つことに関係しています。習慣的な自己中心の考え方を変えるのに役立ち、3つの面があります。無貪欲は、苦とその原因を理解することから生まれるもので、欲望と愛着を捨て去ることです。これが他人への自然な善意を促します。なぜなら、他人もまた苦しみに満ちた人生を送っていて、幸福を見つけたいと願っていることがわかるからです。これであなたの心は無害へ、生きとし生けるものの苦しみがなくなるようにという願いへと向きます。ネガティブな思考が心に浮かんだときは必ず、それを正思惟に置き換えようとすることで、自分の心を鍛えることができます。

- 正語(正しい言葉)に含まれるのは、嘘をつかず、つねに正直であろうとすること、他人を中傷せず、友情と調和を育む話をすること、怒りの毒舌を吐かず、礼儀正しく親しみのこもった言葉をかけること、うわさ話をしたり考えのない話をしたりせず、価値ある大事な話をすること。正語とは、話す前に考え、意図や動機を確認しましょうということです。つねに意識して話すこと、自分の発言が幸福を呼び、苦難を引き起こさないように気をつけることが大切です。

- 正行(正しい行動)とは、他人を傷つけない思慮深い行いです。カルマについての仏教の教えは、正行につながる優れたガイドです。不殺生には、あらゆる生きものが持つ、幸福を求めながら生きる権利を尊重することも含まれます。生きとし生けるものには仏性があることを思い出せば、不注意に虫を殺すこともなくなるでしょう。不盗には、正直になり、他人の所有物を尊重する気持ちを養い、自分の持てるものに満足することも含まれます。不邪淫とは、官能的快楽におぼれすぎず、節制の大切さを認めることです。不飲酒とは、苦悩の原因となる酩酊した愚行をしないように、酒などを慎むこと(または節度をもって飲むこと)です。

- 正命（正しい生計）については、すでにカルマとキャリアの章で、ある程度深く探りました（58ページ参照）。基本的に、正命とは倫理にかなった方法で生計を立てることです。現代社会は倫理を犠牲にしても利益を優先させることが多いので、仕事は慎重に選ぶ必要があります。お金は必ず合法的に、暴力を使わず、害をおよぼさない形で、誠実に稼ぐべきだとブッダは説いています。他人を助ける有益な仕事が正命の理想形ですが、少なくとも、武器や汚染物質、あるいは人間や動物の苦しみに携わっている会社に勤めることは避けられます。

- 正精進（正しい努力）とは、何か具体的なことを起こすために努力することではありません。刻一刻、注意深く気を配ろうとすることであり、苦しみや悪いカルマのもとになる悪行為や怠惰を克服する努力です。正精進にはエネルギーが必要ですが、そのエネルギーは、気前よさや思いやりのようなポジティブな方向に導くこともできれば、怒りや欲望のネガティブな方向に導くこともできます。ですから正精進には、自分のエネルギーを心と行動の健全な状態へ向かわせる努力が含まれます。ブッダは粘り強く力を尽くすことの必要性を強調しました。ブッダは悟りへの道を示していますが、それに従うかどうかは私たち次第なのです。

- 正念（正しい思念）は瞑想に不可欠で、落ち着きと洞察の獲得を容易にします。思念の反対は無思慮であり、悪いカルマと苦難を引き起こしかねない言葉や行動の影響を考えないことです。思念によって、今この瞬間を生き、判断や反応を急がずに起こることを観察するよう、自分を鍛えることができます。欲望や怠惰な夢や固定観念を逃れること、そしてありのままを経験して思慮深く生きること、それが正念なのです。

- 正定（正しい集中）とは、精神を統一し、平静で集中した状態を保つことです。正定の究極の目的は智慧を高めること、つまりすべての苦しみの土台である無知を正すことであるとブッダは説いています。正定のためには、より高いレベルの正見が必要です。なぜなら、自分の存在についての――他人と持ちつ持たれつではなく、独立した存在であるという――根本的な誤認が、智慧を曇らせるからです。八正道の1つ1つが、あなたの心を次第に浄化し、涅槃へと導きます。

看護師や医師のような人の世話をする職業に就くことは、正命のよい表現です。

真の幸福を見出す瞑想

この瞑想を行うと、人間に生まれ、カルマなど仏教の教えを学ぶ機会に恵まれたのは、すばらしい幸運だと自覚できます。人間の命の大切な本質を瞑想することは、真の幸福を見つけるのに役立ち、ネガティブな感情を追い払うよい方法です。この瞑想をすることで、人生にたくさんある幸せをすべて眺め、はっきり認識することになり、自分の幸運に感謝と喜びを感じるとともに、それほど幸運でない他の生きものへの思いやりも感じるでしょう。

1 背すじを伸ばして楽に座ります。目を閉じて、呼吸に注意を向けます。心を落ち着けるために、数分間、呼吸を観察します。

2 自分がどう感じているかを評価します。普段の表面的な反応を越えて、自分自身についての感情を深く探ります。たいていの人はあいまいな感情を持っています。自分についてポジティブに感じる面もありますが、憂鬱や不足感や絶望のような、ネガティブな感情もあります。今はポジティブで幸せに感じていても、ネガティブな気持ちで落ち込むこともあることを認めて、ネガティブな感情をすべて変え、真の幸福を見つけることを決意しましょう。

3 自分の望むままに、動物になるのはどういうものかを考えます。人間と違って動物には、真の幸福を見出すための精神的成長のチャンスはありません。ほとんどの野生の動物や鳥が、どれだけ人間を恐がっているか、考えてみましょう。つねにそういう恐怖とパラノイアの状態で生きるのがどういうものか、想像してみましょう。

4 極貧の暮らしをしている人がどう感じるかを思い浮かべます。その生活はつねに空腹で、それを癒すことができないのです。きれいな水や家や薬が簡単に手に入らないような、ひどい環境で暮らしています。そういう人々はしばしば物乞いをしなくてはならず、他の人たちからの虐待に苦しみます。このような生活を送るのがどのようなものか、想像してみましょう。

5 自分自身の問題を思い起こし、比べてみればそれがいかに小さく思えるか考えます。このように広い視野の中では自分の困難がいかにつまらないものか、認識しましょう。自分の人生のチャンスと安心感に感謝し、もっと不運なものを思いやりましょう。

6 自分の有利な立場についてよく考え、幸運に感謝します。愛してくれる友人と家族がいて、教育や旅行や交友や仕事のチャンスがあります。十分な食べ物と住む家があって、医者や薬を利用できるほか、さまざまな強みを持っています。とくに重要なのは、あなたには知性があり、仏教の教えを学んで瞑想するチャンスに恵まれていて、苦しみを変えて幸せを見つけられる可能性があることです。

7 人生にたくさんある幸せへの感謝の中で、心を休ませます。自分のために喜び、自分ほど幸運でない人を思いやりましょう。最後に、生きとし生けるものが真の幸福を見つけ、苦しみを逃れられるように祈ります。

屍のポーズ

シャヴァーサナ(屍のポーズ)はヨーガ実習の最後に必ず行うもので、霊的な道の終点、つまり涅槃を表しています。

仰向けに寝て、両足を少し開き、両腕を少し脇から離します。全身の力を抜きます。目を閉じて、呼吸に注意を向けます。考えが浮かんだら放っておいて、心が落ち着くまで呼吸に注意を戻します。10分間、そのまま休みます。

索引

10の悪行為　14
10の善行為　14
NVC（非暴力コミュニケーション）　56-7

あ

アーキタイプ　107
愛着
　愛情と　86-8
　欲望と　84
愛情
　愛着と　86-8
　人間関係と　74, 76
アヒンサー主義　10
　正命と　59
アファメーション, よいカルマのための　99, 108-9
怒り, 悪いカルマの浄化　97-8
意見, 短命　105
意志と行動と結果　35
　瞑想　48
痛みの苦しみ　102
意のカルマ　13, 14
祈り　9-10
　よいカルマのための　99, 108-9
イメージ瞑想
　決別の　82-3
　他人を大事にするための　36
　人への平静さの　78-9
　曼荼羅と　46-7
　ヴァジュラサットヴァの　32
いら立ち　31, 40, 41
入り混じった集団のカルマ　39
因果　因果の法則の項を参照
因果の法則　9, 15-6, 26, 34-5
　心理学と　106
　忍耐と　47
牛の顔のポーズ（ゴムカーサナ）　105
生まれ変わり　42-3
運, カルマと　20-2
易（易経）
王子の気前よさ　68
親子　85

か

開発途上国, ギャップイヤーのチャンス　61
買い物　22
過去の行動の記憶, 悪いカルマの浄化　96-7
カップルのためのきずなの儀式　92-3
カルマによる苦しみ　94-113
　アファメーションと祈り　99, 108-9
　易（易経）　110-1
　気功　112-3
　逆境を変える　104-5
　心理学と　106-7
　浄化　94, 96-101
　智慧を高める　104-5
　ミラレパの生涯　100-1
カルマの神話　20-3
カルマの普遍性　11
カルマの歴史的観点　8-11
観察, 悪い職場慣行を変える　56
感情の苦しみ　102
観音　91
観音（慈悲の菩薩）　94
ガンジー, マハトマ　10
気功　112-3
気功　112-3
きずなの儀式, カップルのための　92-3
木のポーズ（ヴリクシャーサナ）　37
気前よさ
　繁栄と　66-8
　貧困と　71
　豊かさの儀式と　72
キャリア　50-63
　新しいもっと倫理的なキャリアを見つける　62
　社会的影響　53
　集団の悪いカルマと　50
　正命の概念　58-61, 122
　選択　52-3
　同僚　55
　人の世話をする職業　52
　もっと倫理にかなう仕事をする　54-7
　よいキャリアを選ぶ　60
　悪い職場慣行を変える　56-7
儀式
　カップルのためのきずなの儀式　92-3
　香をたく　99
　豊かさの儀式　72-3
　利己的な考えから自分を解き放つ　24-5
逆境, 変える　104-5
ギャップイヤーのチャンス　61
供犠　9-10
苦しみ
　いら立ちから生まれる　41
　の因果　34, 35
　生まれ変わりと　42
　カルマによる苦しみを癒す　94-113
　悟りと　119
　四諦と　118
　他人を大事にする　36
　貧困と　71
　本質の瞑想　102-3
　悪いカルマと　94
黒いカルマ（黒業）　15-6
黒と白のカルマ（黒白業）　16-7
賢者（リシ）　9
健全な関係　88-9
行動パターン, 悪いカルマの浄化　97-8
幸福
　集団のカルマと　38-9
　真の幸福を見出す瞑想　124
　巧みな行為と　35
　他人を大事にする　36
　人間関係の　86, 88
　貧困と　71
　仏教と　17, 23
　変化の苦しみと　102
　倫理にかなう仕事と　61, 62
香をたく　99
乞食の気前よさ　68
個人のカルマ　38
子供のポーズ（バーラーサナ）　77
コブラのポーズ（ブジャンガーサナ）　63
コミュニケーション, 非暴力（NVC）　56-7
語のカルマ　13, 14
ゴムカーサナ（牛の顔のポーズ）　105

さ

祭壇, 瞑想のための　30-1
才能, 生まれ変わりと　43
支えられた仕立屋のポーズ（バッダ・コーナーサナ）　87
悟りと涅槃　118-19
悟りへの道　17
サンサーラ（輪廻転生）　15
サンスクリット　12
三毒　15, 114
死
　生と　8, 11
　人間関係と　81
　やり残したことと　29
　霊媒と霊界　29
屍のポーズ（サヴァーサナ）　125
四諦　118
質問, 倫理にかなうキャリアに関する　62
死別, やり残したことと　29

社会的影響，キャリアの選択に対する 53
釈迦牟尼仏陀（歴史上のブッダ） 6, 14, 116-18
悟り 118
正命と 58
八正道 120, 121-3
瞑想 44-5
シャヴァーサナ（屍のポーズ） 125
集団のカルマ 18-9
キャリアと 50
宿命と自由意志 40-1
生涯，多生による関係の変化 84
正行 120, 121
正見 120, 121
正語 120, 121
正思惟 120, 121
正精進 120, 122
正定 120, 122
正念 120, 122
正命 58-61, 120, 122
ギャップイヤーのチャンス 61
よいキャリアの選択 60
倫理的投資と 60
職場からの盗み 55
白いカルマ（白業） 16
親愛 88
瞑想 91
身のカルマ 13, 14
自分自身のカルマをつくる 20-2
自分を大事にすること，他人を大事にすることと 36
ジャイナ教 10
重要な関係 84-5
自由意志 40-1
浄化，カルマによる苦しみを癒す 94, 96-101
図像 8
性衝動，人間関係における 85, 86
生と死 8, 11
潜在力，カルマの 99
戦士のポーズ（ヴィーラバドラーサナ） 70
占星術 110, 111
前屈のポーズ 89
相互依存 9-10
尊敬，健全な関係 88

た

対立している状況 56-7
巧みな行為・行動 13, 35, 118
仕事をもっと倫理にかなうものにする 55
心理学と 106
よいカルマを培う 98
タダーサナ（山のポーズ） 19
他人を大事にするイメージ瞑想 36
タロットカード 110, 11
タントラ 10
ダライ・ラマ 94
チェンレジグ，慈悲の菩薩 94
智慧
高める 104-5
内面の智慧を働かせる 107
月，豊かさの儀式と 71
テーラワーダ仏教の修道僧 58, 59
敵への親愛 91
出来事に対する認識 22-3
投影，不健全な関係と 89
投資，倫理的 60
東洋の世界観 8-9
動機，キャリアの選択と 53

な

ニーズ，悪い職場慣行を変える 56
人間関係 74-93
愛情と 74, 76
愛情と愛着 86-7
親子 85
カップルのためのきずなの儀式 92-3
決別を学ぶ 80-1
健全と不健全 88-9
心を開く 77
重要な 84-5
人への平静さの瞑想 78-9
友情 76-9
忍耐の瞑想 31, 46-7
涅槃 114, 116-22

は

八吉祥 49
八大恐怖 74
八正道 120, 121-3
春，豊かさの儀式と 71, 72
繁栄 63-73
気前よさと 66-8
富の不平等な分配 64, 66
貧困と 70, 71
豊かさの儀式 72-3
バーラーサナ（子供のポーズ） 77
バッダ・コーナーサナ（支えられた仕立屋のポーズ） 87
パーリ語 12
人の世話をする職業 52, 123
人への平静さの瞑想 78-9
貧困，のカルマを考える 70, 71
ヒンズー教 6, 10
不健全な関係 88-9
武器商人 59
ブジャンガーサナ（コブラのポーズ） 63
仏教 6, 12-17, 20
生まれ変わりと 42-3
カルマの働きと 32
苦しみと 102
幸福と 17, 23
四諦 118
心理学的理解と 107
テーラワーダ仏教の修道僧 58, 59
涅槃 114, 116-22
ミラレパの生涯 100-1
瞑想のための祭壇と 30
友情と 76
よいカルマのためのアファメーションと祈り 108-9
輪廻図 114
仏性 118
仏像 13, 30
変化
苦しみ 102
決別することを学ぶ 80-1
転生によるカルマの関係 84
保険会社，悪いカルマと 59
ポーズ
ゴムカーサナ（牛の頭のポーズ） 63
シャヴァーサナ（屍のポーズ） 125
前屈のポーズ 89
タダーサナ（山のポーズ） 19
バッダ・コーナーサナ（支えられた仕立屋のポーズ） 87
バーラーサナ（子供のポーズ） 77
ブジャンガーサナ（コブラのポーズ） 63
ヴィーラバドラーサナ（戦士のポーズ） 70
ヴリクシャーサナ（木のポーズ） 37

ま

魔術，豊かさの儀式と 72
まずい行為，悪いカルマの浄化 96-8
マルパ 101
マンジュシュリ，智慧の菩薩 50, 106
曼荼羅 46-7
緑多羅菩薩 74
ミラレパ 100-1
瞑想 11
意志，行動，結果の 48
イメージ瞑想の項も参照
カルマの 18, 31
苦しみの本質の 102-3
祭壇をつくる 30-1
悟りと 118
正定 120, 122
親愛の 91
真の幸福を見出す 124

心理学的理解と　107
忍耐の　46-7
ブッダの　44-5
ヨーガと　10
よいカルマをつくるために富を利用することの　68

や

山のポーズ（タダーサナ）　19
やり残したこと　29
有害なゴミの廃棄　38
友情　76-9
友人の気前よさ　68
豊かさの儀式　72-3
ユダヤ・キリスト教　20
夢とアーキタイプ　107
夢日記　26-7
ユング, カール　107
ヨーガ
タントラと　10
ポーズの項も参照
よいカルマ　13, 14, 15, 23
カルマによる苦しみを癒す　98
行動する前の意志と　35
集団の　39
人間関係と　84
ヴァジュラサットヴァと　32
要望, 悪い職場慣行を変える　87
欲望
愛着と　84
サイクル　22, 23
欲望のサイクル　22, 23

ら

利己的な考え, から自分を解き放つ　24-5
リシ（賢者）　9
理想化, 不健全な関係と　89
輪廻図　114
倫理的行為
生まれ変わりと　43
キャリアと　54-5, 59, 62
倫理的投資　60
霊媒　29

わ

若者, ギャップイヤーのチャンス　61
悪いカルマ　13, 14, 15, 23
いら立ちと　31, 40, 41
キャリアの選択と　53
苦しみの本質と　102
行動する前の意志と　35
集団の　38, 39
自己愛と　36
浄化　94, 96-101
人間関係の　76, 78, 81, 84, 85, 86
瞑想　18, 31
ヴァジュラサットヴァと　32
ヴァジュラサットヴァ, 浄化のブッダ　32
ヴァジュラダラ（本初仏）　64
ヴィーラバドラーサナ（戦士のポーズ）　70
ヴェーダ　9, 10
ヴリクシャーサナ（木のポーズ）　37

---

working with karma
カルマを活かす

発　　行　2007年10月1日
本体価格　2,100円
発 行 者　平野　陽三
発 行 所　産調出版株式会社
〒169-0074 東京都新宿区北新宿3-14-8
TEL.03(3363)9221　FAX.03(3366)3503
http://www.gaiajapan.co.jp

ISBN978-4-88282-633-0 C0077

Printed and bound in China

著　者：ジル・ファラー・ホールズ
（Gill Farrer-Halls）
仏教、瞑想、アロマセラピー等をテーマに、作家、編集者、映像プロデューサーとして活躍している。主な著書に『アロマセラピーバイブル』（産調出版刊）、『The World of the Dalai Lama』、『The Encyclopedia of Buddhist Wisdom』、『The Feminine Face of Buddhism』など。

翻訳者：大田 直子（おおた なおこ）
東京大学文学部社会心理学科卒業。訳書に『ナチュラルな暮らし百科』『パートナーヨーガ』『アーユルベーダ＆マルマ療法』（いずれも産調出版）など。